师德风采录

第三辑

首都师范大学党委宣传部　编

首都师范大学出版社
CAPITAL NORMAL UNIVERSITY PRESS

图书在版编目（CIP）数据

师德风采录．第三辑/首都师范大学党委宣传部编．—北京：首都师范大学出版社，2017.4
ISBN 978-7-5656-3463-5

Ⅰ.①师… Ⅱ.①首… Ⅲ.①高等学校—师德—文集 Ⅳ.①G645.16-53

中国版本图书馆 CIP 数据核字（2017）第 078286 号

SHIDE FENGCAI LU

师德风采录（第三辑）
首都师范大学党委宣传部　编

责任编辑	刘小磊

首都师范大学出版社出版发行

地　址	北京西三环北路 105 号
邮　编	100048
电　话	68418523（总编室）　68982468（发行部）
网　址	www.cnupn.com.cn
印　刷	三河市博文印刷有限公司
经　销	全国新华书店
版　次	2017 年 4 月第 1 版
印　次	2017 年 4 月第 1 次印刷
开　本	787mm×1092mm　1/16
印　张	13.5
字　数	227 千
定　价	29.50 元

版权所有　违者必究
如有质量问题　请与出版社联系退换

序言 PREFACE

序

习近平总书记强调:"高校立身之本在于立德树人。"师德建设是教师队伍建设的灵魂和根基。加强高校师德建设,铸就一流教师队伍,是推进高校事业发展的重要支撑,也是办好中国特色社会主义大学的必然要求。首都师范大学以教师教育为鲜明办学特色,以培养首都基础教育优秀师资为己任,加强师德建设有着特殊而重要意义。

近年来,学校深入学习领会党的十八大和十八届历次全会精神,党中央治国理政新理念、新思想、新战略,特别是认真落实全面从严治党要求,坚持以社会主义核心价值观为引领,坚持立德树人,牢记使命担当,积极贯彻中央、教育部、北京市关于师德建设的决策部署,扎实推进师德长效机制建设,突出抓好"六个着力",形成了制度建设、宣传教育、选树典型、社会实践、文化涵养、条件保障为一体的师德建设工作体系和党政齐抓共管的工作格局,广大老师甘于奉献、倾情育人,争当"有理想信念、有道德情操、有扎实学识、有仁爱之心"的"四有"好老师,"全员育人、全过程育人、全方位育人"的师德工作体系正在形成,师德建设取得了一定成效,有力地推动了学校各项事业的改革发展。

加强师德建设,树立典型是关键。学校坚持开展师德先进评选表彰,注重选树典型,利用身边人教育、感染身边人,充分利用校内外媒体宣传师德典型的感人事迹,营造学习先进、争当先进的浓厚氛围。近几年来,学校涌现出了一批师德典范,起到了内树人心、外树形象的作用。本次将2011年和2013年师德先进评选的50余位师德先进标兵和师德先进个人的事迹汇编成册,以激励广大教师在教书育人事业中砥砺品行、锤炼师德、无私奉献、倾情育人。

习近平总书记在全国高校思想政治工作会议上指出,"要坚持把立德树人作为中心环节",并对高校教师明确提出"四个相统一"的要求,即坚持教书和育人相统一、坚持言传和身教相统一、坚持潜心问道和关注社会相统一、坚持学术自由和学术规范相统一。我们要牢记习近平总书记的要求,珍惜教师荣誉、捍卫职业尊严、提升师德境界,真正承担起教师的神圣使命,以德立身、

SHIDE 师德风采录
FENGCAILU

以德立学、以德施教，努力成为先进思想文化的传播者、党执政的坚定支持者，更好地担起学生健康成长指导者和引路人的责任，兢兢业业、甘于奉献、奋发有为，为高等教育事业发展做出更大的贡献。

首都师范大学党委宣传部

2017 年 4 月

目 录

敬畏职业　尊重学生——记郑鹔老师 ………………………………… 1
一位历史教育工作者的不懈追求——记叶小兵老师 …………………… 4
热爱教育　勤奋执着——记周荫庄老师 ………………………………… 8
潜心学术之大儒　当代治学之楷模——记邓小军老师 ………………… 13
不能描摹出的一种完美——记张桃洲老师 ……………………………… 18
以爱之名——记陈希老师 ………………………………………………… 22
教之大德　在于贵生——记王异芳老师 ………………………………… 27
教师职业就是一生的热爱——记梁雪梅老师 …………………………… 30
用心用爱去耕耘——记廖菡老师 ………………………………………… 35
做学生的倾听者、导向者、启发者——记李环老师 …………………… 40
师德在行动中闪光——记尹铁良老师 …………………………………… 44
为学为师　孜孜以求——记刘兆理老师 ………………………………… 49
春风化雨　润物无声——记杨志伟老师 ………………………………… 53
原来你是这样的"帅"——记骆力明老师 ……………………………… 58
用心做事　踏实做人——记乔爱玲老师 ………………………………… 62
愿作春泥更护花——记肖宝华老师 ……………………………………… 67
理解学生　尊重学生　热爱学生——记马振旗老师 …………………… 71
健康的传道者　亮丽的风景线——记胡彦老师 ………………………… 75
仰之弥高　钻之弥坚——记程桂勤老师 ………………………………… 79
润物无声——记刘晓军老师 ……………………………………………… 83
不忘初心　立德树人　守正笃实　服务成长——记王强老师 ………… 87
用心灵赢得心灵——记王春荣老师 ……………………………………… 92

在教师成为专业的道路上——记宁虹老师	97
无言勤耕耘　大爱育英才——记王珂老师	102
谦谦君子　温润如玉——记马自力老师	106
熏风自南来　雅润育青苗——记王南老师	112
为学刻苦好钻研　为师友善德望高——记迟云飞老师	117
千教万教　教人求真——记刘善红老师	123
爱操心的"朱妈妈"——记朱锦老师	127
在奉献中前行——记孙飞老师	130
以德育人　暖化人心——记司冰琳老师	135
严谨笃学　爱驻于心——记吴雅萍老师	139
抱诚守真　身教胜于言教——记于祖焕老师	143
安心教学　乐于耕耘——记郭健宏老师	147
己欲立而立人　己欲达而达人——记郭长彬老师	150
拨云见日　矢志不渝——记姚云志老师	155
以实验室为家　以校为家　致力于教学与科研——记钟若飞老师	160
教学有方造英才　大爱无悔铸师魂——记刘丽珍老师	163
做自己该做　爱自己所做——记任剑锋老师	168
育人为首　润物无声——记邹方程老师	172
灿若锦舒　朗若列眉——记佟舒眉老师	177
努力、认真　向世界展示丰富优美的中国文化——记逢岱老师	182
春风化雨　润物无声——记杜峰老师	187
用付出点燃希望　用爱心唤醒灵魂——记李雅儒老师	191
塑人身　树人心——记陈文山老师	195
用成长与行动诠释"大学教师"的内涵——记杨朝晖老师	199
采众长成学　纳百川入海——记宁锁燕老师	204

敬畏职业 尊重学生
——记郑鹉老师

郑鹉简介

郑鹉，1951年11月生，物理系教授。主要研究物理教学论和磁性薄膜物理。曾参加编写《科学技术社会辞典(物理卷)》(浙江教育出版社，1991年)、《小学图书馆百科文库》(中国大百科全书出版社，1996年)等。在《物理学报》《中国物理快报》《物理教师》等杂志发表多篇论文。1994年曾任中国电视师范学院"热学"课程主讲教师。

师德风采录

　　郑鹉教授是物理系的老党员、老教师，长期工作在教学科研第一线，为物理系教学、科研、行政各项工作的推进与发展做出了许多无私的奉献，得到了师生的广泛认同。

　　在教学上，郑鹉老师模范地遵守《首都师范大学关于教师教学工作的若干规定》要求，为人师表，敬业爱岗，教书育人，关心学生的长期发展与成才。郑老师一直为低年级本（专）科学生开课，主讲过"力学""热学""电磁学"等多门重要基础课程。郑老师备课认真，教学投入，教学效果良好。每次他上课都会提前半小时到校，提前十分钟进课堂。他跟学生说，自己之所以这样做，是因为作为一个教师应该有自己的基本职业道德，如果老师不认真对待上课，如果老师因为自己讲过多遍课程而马虎，那样就对不起学生也对不起自己的职业，也就不配当老师。他经常修改、更新讲课课件，也是因为要根据学生的学习进展情况及时调整讲课的节奏甚至内容，以帮助学生深入学习，以求学生学习效率最大化。为此他跟学生说，学生应该如何对待自己学生的角色、应该如何上课参与学习过程呢，其中也有学生这一角色的基本规范问题，上课迟到、早退、吃食物、睡觉都不是学生课堂上应该做的。通过他的这种师德的引领和表率作用，他的课堂上学生的学习风气非常好，为低年级学生从中学的相对被逼式学习向大学的自觉式学习过渡打下了很好的基础。为此，郑老师深受学生的喜爱，不少学生在整个四年大学生活中都与郑老师保持非常密切的联系，在后来的毕业论文、科研立项、师范技能比赛等实践活动中，争着请郑老师作指导教师。直到毕业了，学生还都争先恐后抢着与郑老师合影，以感谢郑老师对他们的教益。

　　郑老师花了大量业余时间辅导学生的实践和教学技能，特别是学生师范教学技能的培养。在他的积极倡导下，物理系开始了师范特色教学的研究与讨论，现在正在组织物理系"师范职业技能训练计划"。2009年夏天，他在假期加班二十多天，亲自选拔并辅导学生的教学技能，后来带领学生参加"首届全国大学生教学技能大赛"获得3个一等奖、5个二等奖、3个三等奖以及团体奖。他说，师范是我们的本行和长项，在师范特色上做不出成绩，对不起学生选择报考我校时对我们的信任。

　　郑老师十分关心青年教师的成长，积极为培养青年教师做出贡献，是物理系青年教师培养计划的主要制订者和倡导者。目前他指导一个青年教师参与他的课堂教学，在教学的各个环节上手把手地将自己的经验传授给青年教师，并与全系青年教师一起进行常规性教学研究，以提高青年教师的教学能力。在他的努力和引领下，不仅这位青年教师的教学能力在同龄人中很快上升到前列，而且这位教师对于物理系的责任心明显突出了，成为教学科研与奉献心各方面都优秀的好苗子。郑老师的行为也感召了物理系的许多中青年教师，大家也都积极投入教学，积极关心学生和青年教师的成长，物理系的学生成长计划和青年教师成长计划正在顺利执行。

在教学行政管理和建设方面，郑老师积极进行课程体系、教学内容、教学方法、教学手段的改革，在课程建设、教改立项、网络教学、双语教学、指导学生论文等多方面做出了许多贡献并取得了好成绩，并作为主要参加者参加了物理系"双推"计划和校级特色专业建设。

郑老师十分关心物理系的各项建设与发展。在物理系的学科发展规划与布局、教师队伍的培养、教学计划的修订和执行、行政民主的落实等方面都做出了积极的贡献，为"十一五""十二五"规划提出了有益建议。

作为一名老共产党员，郑鹉老师处处以优秀党员标准要求自己，立足本职工作，放眼全系大局，为物理系的各项工作做出了贡献，体现了一名共产党员在教书育人岗位上的先锋模范作用。

（物理系）

一位历史教育工作者的不懈追求
——记叶小兵老师

叶小兵简介

叶小兵，1953年7月生，1978年毕业于北京师范学院（即今首都师范大学）历史系，留校任教，从事历史教育方面的教学与研究工作。1998年评为教授，1998—2002年担任历史系主任。出版著作、教材二十多部，发表论文百余篇（其中权威核心期刊9篇，海外学术刊物11篇）。现兼任教育部基础教育课程教材专家委员会委员，教育部"国培计划"历史学科专家，教育部初中、高中历史课程标准修订组核心成员，中国教育学会历史教学专业委员会学术委员会主任，北京教育学院兼职教授。

一位历史教育工作者的不懈追求
——记叶小兵老师

叶小兵老师在历史学院从教38年,作为历史教学领域的知名专家、教授,在北京市和全国中学历史教学界享有很高的声望。叶老师利用自身专业优势,以历史教学为基础,把育人作为根本,为高等师范教育事业和基础教育事业做出了贡献。

一、孜孜不倦,教书育人是天职

叶小兵老师作为历史学院师范专业的负责人,对本专业的建设投入了大量的精力,从培养计划、课程设置、教材建设、青年教师培养等多个方面进行了精心的规划,采取切实有力的措施,提高师范专业的水平,发挥师范教育的特色。在本科教学过程中,叶老师非常注重对学生进行专业理想教育,通过言传身教,努力使学生不仅学会学习,而且学会做人,树立当好人民教师的坚定理念。他在教学中处处体现"育人为本"的教育思想,不仅关心学生的专业学习,而且关注学生的思想发展,引导学生通过专业学习得到全面的发展,鼓励学生从现在起为成为一名优秀的中学历史老师而努力。在他的指引下,师范专业的学生对当好中学教师的信念得到加强,很多学生在走上中学教育岗位后成为优秀的历史老师。

叶老师还承担了繁重的硕士研究生的教学工作。他给研究生上课,十分认真和投入,并且不计课时,经常是超工作量地给学生上课。由于他的课深受学生欢迎,经常有其他专业甚至是我校其他学院的研究生,以及外校的青年教师来听课学习。他对研究生的毕业论文,要求严格,认真批改,学生常说论文被叶老师改得是"满纸飘红",但都深知这一沓沓"面目全非"的"花脸稿"倾注的是叶老师的心血和希望,是对为学为师最生动的诠释。他鼓励研究生进行科学研究,从选题到论文提纲,直到论文的修改,他都一一指导,但从不署名。他的不少学生说,"叶老师在教学和指导的过程中,经常会讲到为人做事的道理,讲到对社会现象的分析,这是我们学习期间的一大收获"。在他的研究生中,有些是来自贫困农村,生活上有困难,叶老师经常帮助他们。如将自己的电脑给学生用,经常上课后带他们去改善伙食。学生们感到叶老师既是严格的导师,又是慈父,有的学生感慨能够师从叶老师真是一生的幸运。

叶老师对历史学院青年教师的教学分外关注,不仅常听青年教师讲课,而且经常进行义务指导,帮助他们提高教学技能和水平。例如,历史学院青年教师每次参加学校组织的青年教师教学基本功大赛前,他都会利用业余时间帮助青年教师修改教案和听试讲,使他们在比赛中获得好成绩。2011年5月,钱益汇老师参加"北京市高校青年教师教学基本功大赛"获得教学一等奖和最佳教案奖(这是首都师范大学教师第一次获得这样的奖项),就是叶老师指导的。

此外,叶老师对学校的教师教育和培训工作也投入了大量的精力。2010年,叶老师承担了教育部"国培计划"历史学科项目的申请、课程安排、学习材料汇编等很多方面的工作,他主讲的课程深受学员的欢迎。教育学院基础教育课程发展中心在北京市的教师培训工作,叶老师都是历史学科的负责人,尤其是在到远郊区县授课、培训历史骨干教师方面,他都做了很多的工作,不惜牺牲自己的业余时间,帮助中学教师提高教学和科研水平,深受各区县教师的欢迎。

二、强基固本,课堂教学是关键

叶小兵老师讲课风格独特新颖、语言诙谐幽默,对本科教学全身投入,倾注了大量的精力,被广大学生赞为"最受欢迎的教师"。他坚持每个学年都给本科生上课,并领导和指导师范生的教育实习和见习工作。1997年被评为教授后,他仍坚持每年给本科生讲授两至三门课程。他主讲的"历史教育学""历史教育比较研究"等课程,有突出的特点:(1)讲清有关的教学理论问题,尽可能地向学生介绍本学科学术前沿的一些问题,注意解析新的理念,切实提高学生的教学理论水平;(2)注重介绍当前我国新一轮的基础教育课程教材改革的思路和动向,使学生了解现在中学历史教学的改革与发展,认清今后的发展趋势;(3)非常注意教学实际技能的传授,鉴于本科生对中学教学不甚了解,就采用多种形式向学生讲解教学的基本原理和技能,使学生掌握中学历史教学的本领;(4)注重加强实践环节,训练学生的实际能力,如每人课堂讲述五分钟的活动、教材分析、教案写作的作业、组织教学技能比赛等,使学生提高实际教学能力;(5)尽可能多地介绍中学教学的好经验、好办法,使学生了解如何处理教学中出现的实际问题,增长处理教学问题的本领和经验;(6)运用新的教学理念,结合中学历史教学的实际,使学生进一步了解中学历史教育,热爱历史教育工作,坚定当好历史教师的信念;(7)充分利用北京市的教学资源,邀请北京市的特级历史教师、优秀青年教师和历史教研员为学生讲课或开讲座,介绍他们在教学一线的经验。

正是由于叶老师的课内容丰富充实,教法多样灵活,教学态度严谨认真,讲课深入浅出又幽默风趣，与学生的互动和沟通密切，因而受到历届学生的好评。不少学生都说，上叶老师的课既有收获，会受到启迪；又是享受，能感受到名师的人格魅力和风采；还能开阔视野，提高认识。叶老师对于本科师范生的中学教育实习工作非常重视，每年的教育实习工作都是他来主持，从制订实习计划，联系中学，到实习动员，带领学生下到中学，指导实习总结，每个环节他都认真仔细地去做，并坚持听实习生的试讲和正式的讲课，不辞辛劳，给学生以具体的指导。历届学生都认为教育实习是他们在大学期间收获最大的，这与叶老师的组织和指导有直接的关系。

三、无私奉献，课程教材泽后学

叶老师是中国教育学会历史教学专业委员会的副理事长，北京市历史教学研究会的理事长，在我国历史教学领域有着相当重要的影响。他还参加过国家教育部组织的多项工作，如《高中历史教学大纲》的编写及修订、《九年义务教育初中历史教学大纲》的修订、新一轮课程改革中的初中和高中历史课程标准的修订，以及中学历史教科书和小学社会课教科书的审查工作、全国中小学图书馆(室)图书审查推荐工作等，为我国基础教育的改革和发展做出了自己的贡献。

叶老师在科研和教材编写方面也有突出的成就，如他编写的《历史教育学》，被列为高等教育出版社历史专业本科系列教材之一；他参与编写并执笔15万字的《中学历史教学法》(第3版)，被列入"普通高等教育'十一五'国家级规划教材"。

叶小兵老师的勤勉力学，对历史教育工作的热爱与不懈追求，在他从教的三十余年里影响着首都师范大学一批又一批学子在毕业后奔赴全国各地，奋斗在教育教学的各条战线上，就像一颗颗火种影响着世人、泽被后学，传承着"为学为师，求实求新"的庄严校训。

（历史学院）

热爱教育　勤奋执着
——记周荫庄老师

周荫庄简介

　　周荫庄,教授,1951年6月生,1992年经教育部选拔赴丹麦哥本哈根大学化学系做访问学者。曾先后担任过首都师范大学化学系物理化学教研室副主任、主任;先后两次担任首都师范大学化学系教学副主任、化学系教学指导委员会主任和化学系学术委员会委员,以及化学专业负责人。北京市化学实验教学示范中心主任、中国科普研究所兼职研究员、中国化学会中国教育学会理事。

　　参编教材一部,于2006年获评北京市高等教育精品教材。2008年获得北京市优秀教学成果二等奖(第一完成人)。2003年至2005年连续3次被评为"首都师范大学优秀主讲教师",于2005年获"首都师范大学首届优秀教师奖"。2007年被评为首都师范大学"师德先进个人"。多次获得校级优秀教学成果奖。

热爱教育 勤奋执着
——记周荫庄老师

周荫庄老师自1993年起在化学系任教到2011年退休，近二十年始终如一地热爱教师事业，在工作岗位上兢兢业业奉献，他用自身的光和热温暖了学生，照亮了学生前行的路。他说："我热爱教师这个职业，为人师表，要对学生负责，要讲教师的良心。"正是这份热情和教师的良心陪伴他走过无数个站立在三尺讲台的日子，不言辛苦。为了学生成长成才，他觉得一切的付出和辛苦都是值得的，与学生在一起，他是快乐的、骄傲的、自豪的。

一、崇尚师德，敬畏教师岗位：不断提高自身综合素质，努力做个好老师

周荫庄老师以德修身，恪守师德：他不断加强自身修养，提高综合素质，严于律己。他敬畏教师岗位，爱岗敬业，具有强烈的事业心和责任感。以德修己，弘扬师魂：他重视政治理论和专业学习，不断提高自己的政治理论水平、科学研究和教学水平，对于教书育人工作言传身教，精益求精，一丝不苟。以德育人，桃李芬芳：他谦虚谨慎，为人诚恳，宽以待人；在教学工作中，他对学生既严格要求又热心关怀，严格是为了帮助学生成才，关怀体现在生活的细节上和解决学生的实际问题上。在周老师任教期间，不少来自农村的家庭困难学生，都得到过周老师的资助。其中，有个学生家里困难，冬天天冷了，没有钱买棉衣，当周老师了解情况后他用自己的钱买好棉衣并送到学生手中，学生感动得热泪盈眶。正是这个举动让学生度过了一个暖暖的冬天，学生感受到老师的真情关怀，在他的一生中，这都将是最生动的一课。周老师以其严谨治学、为人师表的风范及对学生充满爱心和责任心的态度，赢得了师生们的广泛高度评价，获得了广大学生的尊敬与热爱。

二、无私奉献，刻苦努力工作：为化学系的专业建设与发展做出显著成绩

周荫庄老师敬业爱岗，精益求精，他常年坚持不休节假日和寒暑假，早出晚归，全身心投入教学和教学管理工作。在保质保量完成自身的教学和科研工作情况下，自主管教学工作之后，他针对当时化学系教学管理工作现状和存在的突出问题，提出并落实"抓教风、抓学风、抓考风，落实本科教学计划"即"三抓一落实"的教学工作总体思路。在该工作思路的指导下，化学系教学管理工作中存在的突出问题得到了很好的解决。他还连续组织了四届全系规模教学研究活动，厘清教学管理中存在的问题，按轻重缓急，逐步逐个稳妥地加以解

决，保证化学系教学工作质量稳步上升，形成了教学管理新局面。周老师还带领化学系老师，创建了一批教育实习与专业实习基地，为提高教育实习质量、构建教育实习新模式做出了贡献；同时，也得到实习中学的支持与认可。他还积极推进化学系的教学改革工作，在他主持下完成了多项教学改革项目。在专业建设、课程建设、教材建设等方面，化学系陆续获得了一批校级精品课程和教学成果奖、一项北京市教学成果二等奖、校级教学团队等奖项与称号。化学教育专业也获得了校级特色专业并通过专业评估。在青年教师培养工作上，成功组织开展化学系青年教师教学基本功竞赛，组织观摩课、试讲，促进老教师指导新教师的一对一结对指导工作，等等，并在化学系建立起一套青年教师教学能力培养的制度与工作方案，已经取得实效与经验，确保了化学系教学质量的可持续发展。周老师在工作中团结协作，教风端正，能够发挥自己的组织能力为化学系的发展刻苦努力工作。

作为化学系实验中心主任，他多次组织学科带头人、专业负责人和教研室主任到国内重点大学实验中心进行调研；抓住发展机遇，积极争取专项经费支持，认真组织做好实验室建设发展规划；逐年有计划、分步骤地改造实验室，兼顾本科教学与科研需要，添置购买一大批不同档次、不同等级的实验仪器和设备，彻底完善和提高了化学系实验室的建设水平，保证了教学和科研的需要，在实验室建设方面取得了巨大的成绩。他主持申报了北京市实验教学示范中心，时间短、任务重、首次申报是这项工作的特点之一。在这段时间里，他早出晚归是常态，经常工作到深夜一两点，正是因为如此，他连家人最基本的每天回家一起吃一顿饭的要求都没能做到，这其中有遗憾也有无悔。申报北京市实验教学示范中心过程的艰苦工作，使周老师积累了大量、全面的数据材料并形成了工作发展思路，他持续忘我带领化学系全体教师共同努力，经过北京市专家组深入、细致、严格的评审和现场考察最终成功获得批准，为化学系进一步的发展奠定了基础。

几年来，周荫庄老师在教学管理工作中，以其勤奋、执着、创新、进取的精神和努力刻苦、敬业奉献的作风，促进了化学系的建设上了一个新台阶，为师生搭建了更好的教学环境与平台，为化学系的专业建设与发展贡献了教学管理经验。这种忘我的工作态度和为教育事业奉献的精神，得到了教职工的普遍好评，得到了学校及各职能部门的认可。

三、以人为本，关爱教育学生：以学生的成长成才为出发点和落脚点

周荫庄老师热爱教育教学事业，近二十年连续担当"物理化学(I)""物理化学(II)"本科生基础课程的主讲教师，并承担多门专业选修课、组织和指导教育实习、指导本科生毕业论文、指导本科生课外研究小组科研活动等教学工作。此外，作为硕士研究生导师他还承担了研究生的教学工作，每学年讲授两门课程和指导硕士研究生论文。

周荫庄老师专业基础扎实，知识面开阔，思想活跃，善于学习，勤于思考，重视归纳总结。在多年教学实践中，他总结确立了"物理化学学科的思想方法是物理化学教学的灵魂"的教学指导思想，着眼于学生对课程的总体把握和对物理化学思维、物理化学语言、物理化学方法的宏观认识，培育学生们的科学文化素质，使学生们终身受益于物理化学学科的科学思想方法。他在课堂教学中备课充分，思路清晰，教学手段先进，语言流畅，风趣生动，深入浅出，突出对学生学习能力以及科学辩证思维的培养；在教学中坚持标准，敢于严格要求，同时又尊重爱护、关心帮助学生，做到公平公正、正确评价学生，能够给予学习困难的同学以鼓励和针对性的指导，既教知识又教方法，指导学生能够做到耐心细致且不厌其烦，因此受到学生普遍欢迎。他为培养出优秀的毕业生做出贡献。多年来，他主讲的基础课程在学校教学质量评估中成绩优秀。同时他所讲授的课程在学校历次教学质量评估、专业评估中都吸引了校外对口专家深入课堂评估，并取得专家们的一致好评，为化学系赢得了荣誉，扩大了化学系的影响力；经他指导的本科生在全国相关竞赛中多次取得好成绩。周荫庄老师在教书育人方面的突出表现，对化学系青年教师的师德建设和教学能力的培养起到了很好的示范和榜样作用。

"师者，传道授业解惑也"，教给学生知识，教育学生学会做人、做事是教师的职责。周老师对学生有着深厚的感情，与学生广泛交流思想，谈人生，帮助解决学生遇到的实际问题和制定人生发展规划，从而成为学生的知心朋友。一些学生从与周老师的谈话中受到启迪，转变了学习态度；一些学生在他的鼓励帮助下努力学习，考上了研究生；一些他指导的研究生考取了博士生。作为专业负责人他积极引导学生转变就业观，努力为学生就业提供指导与帮助，认真听取毕业生到中学的求职试讲并加以指导，提高毕业生的就业竞争力，努力向有关学校推荐毕业生,为学生排忧解难。例如,曾经有一名学生在实习期间策划活动需要经费支持,学生向周老师说完这件事,周老师毫不犹豫地拿出自己的 2000 元钱赞助他完成工作任务,而这样的事情在周老师的生活中不在少数。周老师常常帮助学生解决一些实际问题,这样的事情做了许多,也成为他的习惯,他自己也从来不事声张。他以自身的行动,塑造着为人师表的形象;以兢兢业业的敬业精神、博学敏思的学者风范,以及幽默风趣的人格魅力影响着身边的学生们,赢得学生们的尊敬和爱戴。化学系毕业的校友中有很多中学化学特级教师等一线优秀教师都曾得到过他的教诲,至今与他保持着密切的联系。

(化学系)

潜心学术之大儒　当代治学之楷模
——记邓小军老师

邓小军简介

邓小军，1951年1月生，1982年毕业于西南师范大学中文系，获文学学士学位；1985年毕业于安徽师范大学中文系，获文学硕士学位；1990年毕业于陕西师范大学文学研究所，获文学博士学位。1990—1997年为四川师范大学中文系副教授、教授。1997年以来为首都师范大学文学院教授、中国古代文学博士生导师。兼任中国杜甫研究会常务理事、中国柳宗元研究会副会长、安徽师范大学中国诗学中心学术委员会委员、2003—2004年为香港浸会大学访问学者，多次应邀出席台湾、香港国际学术会议。长期从事魏晋南北朝、隋唐五代文学教学与研究，着重于陶渊明研究、杜甫研究、诗史互证、诗歌思想与艺术研究等。

全心治学硕果累累

邓小军老师,1951年出生于成都。1982年毕业于西南师范大学中文系,获文学学士学位;1985年毕业于安徽师范大学中文系,获文学硕士学位;1990年毕业于陕西师范大学文学研究所,获文学博士学位。1990—1997年为四川师范大学中文系副教授、教授。1997年以来为首都师范大学文学院教授、中国古代文学博士生导师。2002年至今为安徽师范大学中国诗学研究中心学术委员会委员,2003—2004年为香港浸会大学访问学者,2012年被聘为国家图书馆文津讲坛特聘教授,多次应邀出席在台湾、香港举行的国际学术会议。长期从事魏晋南北朝隋唐五代文学教学与研究,着重于陶渊明研究、李白研究、杜甫研究、诗史互证、诗歌思想与艺术研究等。

1996年4月,获科学出版社《中国"八五"科学技术成果选》入选证书(《韩愈散文的艺术境界》);1999年5月,获陕西省教委人文社会科学研究优秀成果奖一等奖获奖者证书(《万首唐人绝句校注集评》,集体合作);2000年6月,获首都师范大学中文系最受学生欢迎的"十佳教师"荣誉证书;2000年9月,获首都师范大学"红烛礼赞——教书育人优秀教师"荣誉证书。

著作有《唐代文学的文化精神》(台湾文津出版社1993年版,2003年重印),《儒家思想与民主思想的逻辑结合》(四川人民出版社1995年版),《诗史释证》(中华书局2004年版),《古诗考释》(商务印书馆2013年版,2015年重印),《古宫词一百二十首集唐笺证》(社会科学文献出版社2016年版)。

所做国家社会科学基金项目:"中国诗歌与政治——以陶渊明、杜甫为中心"(项目编号:07BZWO28);全国高校古籍整理研究工作委员会直接资助项目:"李天馥古宫词笺注"(项目编号:0718)。

知行合一当代儒者

邓小军老师是融学问、思想与实践为一体的当代儒者,是一位专注学术、虚怀若谷的纯粹的学者。其学问深得曹慕樊、宛敏灏、缪钺、霍松林等名师亲炙,服膺熊十力之学,私淑陈寅恪的文史考证。尔后矻矻穷年,以全副身心读书治学,灵心慧识,孤明先发。因此,其学问堂庑特大、奥义宏美。当《唐代文学的文化精神》在台湾出版时,邓小军老师在序言中写下了自己的治学志向:"中国人有自己的根。由这自己的根,可以培养新的花果。这自己的根,就是中国文化。这新的花果,就是现代文明。中国文化与现代文明,可以一脉相连。这是我的心得。要证明这心得，我的路，分两步走。证明中国文化的价值、历史进步的作用，是第一步。证明中国文化与现代文明可以合逻辑地相结合，是第二步。"而后，体现他"两步走"的重要专著《唐代文学的文化精神》和《儒家思想与民主思想的逻辑结合》出版，获得学界的广泛好评。但是，邓小军老师在学术道路上并没有止步，而是继续孜孜不倦，取得了一个又一个硕果。

邓小军老师之学问是有思想光辉的学问，其秉持良知乃当下之呈现义，倡明儒家人性善的根本大义，发明儒家天赋人性平等之思想。邓小军老师的学问又是有人间关怀的学问，他总是以自己强烈的时代体验、以同情之理解洞悉古人之思想奥义。比如，邓老师在讲台上闭目讲诵《小雅·节南山》《礼运·大道之行章》，完全独白式的、心灵高蹈式的低吟，却使人听来感觉那分明是在呼唤政治有道、公平正义，同学皆屏气凝神，只觉得先生"如孤月之明，炳于长夜"（船山语）。

教习后学兢兢业业

邓小军老师课上交流比较少，更完全不去控制你走神，他只是用真材实料吸引你，要你不得不主动跟上他，跟上他的思维和想象，远离十丈红尘，向诗国靠近。他的课，给高校教师树立了一个"坏"榜样：假如你有那么丰富的知识，你又那么真诚，所谓教学技巧、讲课艺术就不那么重要了，你尽管自说自话——邓老师控制课堂气氛、吸引学生听讲，可不是靠他那偶尔像私塾先生一样从眼镜上方往台下瞄一下的眼神儿！

之于后学，邓老师又循循然善诱人。曾不厌其烦手把手地教学生如何查阅古籍，如何分辨善本，如何撰写版本源流考，如何撰写年谱，如何撰写版本图录，如何利用版本知识发现解决重大学术问题，如何判断诗之优劣，如何注释诗作，如何利用工具书训释字义，如何利用电子检索一网打尽某一问题的现有研究现状。其所传授的这些知识技能皆是几十年在学问领域里上下求索的现身说法，只有落实到操作层面才能领略其苦心孤诣。

邓小军老师在教学中也非常关注古代文学教学方法的改进，曾多次申报和完成首都师范大学教学改革研究项目。他担忧目前古代文学专业的学生普遍不会创作古典诗词的现状，申报了首都师范大学教学改革研究项目"诗词习作教学与研究"，为学生开设"诗词写作"选修课。课程收到了非常好的教学效果："课程中，许多同学表现热情、主动，体现了对中国传统诗词的热爱，也可说是对中文专业的热爱。好多同学一次作业、作品数量，远远超出通常的一二首。不少同学积极提出各种建议，并为他所采用。如提出课前给同学发回对作业的批语，以增加同学自己修改的机会，加快提升同学自己的修改能力。课程还带动了同学多样的课外兴趣活动，如同学之间自发的唱和。还有不少没有选课的同学也寄来作品要求提供意见。"通过此课程，许多同学具有了写诗填词的能力，能够写出拿得出手的诗词作品，涌现出不少佳作。"诗词写作"教学中，教师的工作量是巨大的，仅批改作业一项就要耗费大量的时间和精力，但他对此毫无怨言，兢兢业业。

潜心学术浑然忘我

邓小军老师的学问是更有实践品性的学问，接人待物，恂恂如也。"谢谢"是他始终挂在嘴边的词语。平时绝少要人帮助，一旦遇到哪怕一小点儿、诸如指路之类的帮助他也必付诸大量回报。但是在对待学生时，邓老师也不失温暖与关怀。每年研究生新生入学，他都会请新生吃上一顿便饭作为迎接，这恐怕是一年中邓小军老师唯一跟学生的"应酬"了。除此之外，邓老师参加的聚餐就只有答辩的时候答谢所请专家了。他日常深居简出，自身生活极其简单、素朴。提到邓小军老师，大家脑海中大抵都会浮现出两个鲜明的形象，一个是伏案埋头辛勤治学的大师；另一个就是骑一辆自行车飞奔于家属楼和教学楼之间的背影。常年穿着朴素的旧衣服、背着旧电脑包的邓老师在学术研究上却始终坚持高投入、高产出。在研究过程中坚持实地考察，即使可以搜集到图片资料也要亲自、亲眼去看一看，为此不惜乘坐飞机、高铁、长途汽车等来回折腾；为了文章中的碑刻照片能够清晰，他毫不犹豫地在外出考察前买下高级单反相机并且强调一定要是"最先进的"；在考察途中他也曾就仅仅问个路而出重金答谢。总之，在关系到学问、学术方面，邓小军老师可谓总是"一掷千金"。先生这种甘于清贫、苦于治学的精神实在难能可贵。也正是这种对学术纯粹的追求，使邓小军老师在研究中不断地有重大发现，呈现出累累硕果。对一个问题反复考察，不断改进、丰富也是邓老师的研究常态。仅就隋末大儒王通一项，他便曾于1989年两赴山西，考察吕梁山脉南端黄颊山隋代大儒王通的文中子讲学洞及王通故里，并于1992年春重返王通故里做实地走访调研；2011年7月他再次考察山西吕梁山脉南端黄颊山文中子讲学洞，走访王通后人。因此，邓小军老师能挖掘出历史上和文学史上很多鲜为人知的史实，有些可称为第一次：第一次根据薛收《隋故征君文中子碣铭》等原始文献与实地考察确证了大儒王通及其"河汾之学"的真实性，探究出"河汾之学"与"贞观之治"的关系……

潜心学术之大儒　当代治学之楷模
——记邓小军老师

　　苦学深钻、安贫乐道、儒者之心等，皆是邓小军老师的标签。"邓老师是我遇到的对我影响最大的老师，听他讲课有如坐春风的感觉。他学识渊博而且非常有大儒风范，能遇先生实为人生之幸。""邓老师人品与学品皆是出众，他给我们讲陶渊明、杜甫的时候，我总是有一种他就是陶渊明、杜甫的感觉。在现今社会，他这种知行合一、淡泊名利的人已经越来越少了。"这是学生们对邓老师最广泛、最认同的评价。然而，无论周围如何，在认真完成教学工作后，邓小军老师始终是低着头、匆匆而过，默默走向自己的书斋。

（文学院）

不能描摹出的一种完美
——记张桃洲老师

张桃洲简介

张桃洲,1971年4月生,2000年12月获南京大学文学博士学位,现为首都师范大学文学院教授、博士生导师。主要从事中国现当代诗歌研究与评论、中国现代文学及思想文化研究。在《中国社会科学》《文学评论》等刊物发表学术论文80余篇,出版《现代汉语的诗性空间——新诗话语研究》(北京大学出版社,2005年)、《"个人"的神话:现时代的诗、文学与宗教》(武汉出版社,2009年)、《语词的探险:中国新诗的文本与现实》(社会科学文献出版社,2012年)、《声音的意味:20世纪新诗格律探索》(人民文学出版社,2014年)等论著。获首届唐弢青年文学研究奖(2003年)、北京市第九届哲学社会科学优秀成果奖(2006年)、第二届"教育部名栏·现当代诗学研究奖"(2015年)等。入选2011年度教育部新世纪优秀人才支持计划。

不能描摹出的一种完美
——记张桃洲老师

在这个诗歌已经边缘化的年代,"以诗歌为志业"的人并不多,何况是常被认为处于边缘之边缘的诗歌研究。张桃洲老师作为一位优秀的诗人和诗歌研究者,不仅自觉地"以诗歌为志业",并且还"以诗歌研究为志业",他在中国现当代诗歌研究这块土地上默默耕耘了二十余年。更为可贵的是,他还以教育者的身份,通过言传身教,把对诗歌和诗歌研究的执着传递给他的一批又一批学生,在学生们的心中埋下了热爱诗歌的种子……

上篇 以诗歌研究为志业

张桃洲老师1971年4月出生于湖北省天门市,2000年12月在南京大学中文系获得文学博士学位后留校任教。2003年7月,他进入首都师范大学中国语言文学博士后流动站从事研究,两年后出站留在文学院工作。目前,他是首都师范大学文学院中国现当代文学专业教授、博士生导师。不过,这些职称与职位并不能完全体现张老师在首都师范大学乃至整个中国现当代文学研究界的位置,因为他最为重要的角色,是一位"以诗歌研究为志业"的勤奋而成果丰硕的学者。

张老师在中学时期便喜爱诗歌并开始写诗,这种对诗歌的浓厚兴趣持续至今,也成为他后来攻读硕士、博士学位,以诗歌研究为志向的根本动力。正是在一步一步的深造过程中,他把自己的"兴趣"转化为一种"志业",并逐渐成为这个研究领域的佼佼者。张老师在诗歌研究领域所取得的成就是多方面的,他的博士学位论文《现代汉语的诗性空间——新诗话语研究》率先提出"新诗话语"研究的课题和方法,在新诗研究中引入并改造了"话语"概念,以之探讨"现代汉语如何被中国诗人用来将自己的经验转化为诗,语言和经验如何被诗人赋予'现代'的诗形"的历史过程和特征。论文于2005年由北京大学出版社出版后,得到了学界的广泛关注,《文艺报》《社会科学研究》《文艺评论》《诗探索》等刊物纷纷发表书评,著作于次年获得了"北京市第九届哲学社会科学优秀成果奖二等奖"。河北大学的一篇硕士学位论文《新时期新诗批评研究》还用专节"世纪之交的新诗批评·以'话语'的方式烛照新诗批评的学术之路",给予张老师的新诗话语研究以较高的评价。

除这部著作外,张老师还陆续出版了《"个人"的神话:现时代的诗、文学与宗教》《语词的探险:中国新诗的文本与现实》《语言与存在:探寻新诗之根》《声音的意味:20世纪新诗格律探索》等个人论著,并编选了《中国新诗总系(1989—2000年)》《新世纪诗歌批评文选》等诗选和文选。此外,他在《中国社会科学》《文学评论》《中国现代文学研究丛刊》等权威刊物上发表了多篇具有影响力的学术论文。张老师的这些著述，体现了他开阔的研究视野和精深的研究观念与方法：他的研究论题主要涉及新诗的语言和形式，新诗发展的历史语境，现代诗歌与古典诗歌的关系，重要诗人作品分析等；研究特点是着眼于诗歌的历史研究与美学研究的有机结合，力求凸显从诗歌文本考察历史语境和从历史语境分析诗歌文本的双重视野；他还参与了新诗研究和中国现当代文学研究的方法论变革，逐步探索出一条"内外结合"的研究之路。

张老师还先后独立承担完成了国家哲学社会科学基金青年项目"20世纪新诗格律问题研究"、教育部人文社会科学重点研究基地重大项目"现代性语境下中国新诗核心命题研究"等多个科研项目，并获得北京市委组织部优秀人才计划的资助，入选了北京市中青年社科理论人才"百人工程"、教育部2011年度新世纪优秀人才支持计划。他还获得过首届唐弢青年文学研究奖、第二届"教育部名栏·现当代诗学研究奖"等学术奖项。

张老师的新诗研究，基础扎实、理论丰厚、学风严谨，得到了学术界的广泛认可与瞩目。

下篇　诗歌教育的摆渡人

张桃洲老师一向认为，科学研究不宜仅仅局限于书斋，而是应该服务社会、泽被他人。基于这种信念，张老师发挥自己的专长，参与主编了人民教育出版社组织出版的高中语文选修课程教材《中国现代诗歌散文欣赏》及其配套的《中国现代诗歌散文欣赏读本》，还与其他学者共同编撰了《现代语文》《诗歌读本·高中卷》等一系列面向基础教育的文学、诗歌读本。正是因为拥有诗歌一般的情怀，张老师将自己的卓越研究融入各类教学实践中。

自进入首都师范大学文学院工作以来，张老师一直致力于探索能够显示专业特点的文学教育和诗歌教育。他在负责文学院2005级非师范班的班主任工作时，在学生培养计划、方法、手段等方面进行了多种尝试。他鼓励学生积极参与科研创新活动，该班学生共获得4项科研立项，其中2项结题论文获得一等奖，他指导的本科生论文有的还曾在公开刊物上发表。同时，该班先后获得了首都师范大学文学院话剧节优秀奖、年度校级"三好"班集体、北京市高校奥运先进团支部等荣誉。由于张老师的突出业绩，他获得了"2007—2008年校级优秀辅导员""2007—2008年度本科生科研优秀指导教师"以及"2011年度首都师范大学师德先进个人"等荣誉称号。

不能描摹出的一种完美
——记张桃洲老师

张老师在担任文学院汉语言文学师范专业负责人、院长助理和教学副院长期间，踏实肯干、乐于奉献，参与汉语言文学专业综合改革和重点专业建设，积极协助推动文学院教学双推进与拔尖人才培养计划等工作，以及文学院本科生考研辅导和对外交流工作，使考研率有较大幅度的提高。张老师自2014年担任燕都学院副院长之后，承担了学院的日常事务管理和运行工作，在建章立制、本科人才培养模式、学生思想政治工作等方面，进行了富有成效的探索。

张老师最为人称道的，还是他融汇了自己丰硕成果的诗歌教育。他为文学院本科生、研究生开设了"中国当代诗歌导论""现代诗写作入门""20世纪新诗经典选读""中国现当代诗歌专题研究"等与诗歌有关的课程，从启发式的引导，到探讨式的研读，他耐心的理论讲解和案例教学，让学生们不仅逐渐对诗歌产生了兴趣，而且领悟到诗歌创作和阅读的内在奥妙。张老师在给学生们传授现当代诗歌知识的同时，还鼓励学生们进行诗歌创作实践，并进一步将他们引进诗歌研究领域，使他们触类旁通，掌握诗歌研究的理论和方法。在他的影响下，越来越多的学生开始喜爱现当代诗歌，并走上了诗歌研究的道路。此外，张老师还邀请一些著名诗人和诗歌评论家到学校举行讲座，为学生们营造了浓郁的诗歌对话和感知的气氛。

张老师在指导研究生方面以严格著称，他认真负责，教导有方。在上课之余，他定期与研究生见面，了解他们的读书进展，讨论各自的选题方向。他一丝不苟地为研究生修改论文，即便是一篇平时作业论文，他也常常要指导研究生或亲自修改三四遍乃至五六遍，觉得满意的论文他会推荐给相关学术刊物。在他的精心指导下，他的博士生、硕士生中有两位获得国家研究生奖学金，有多位获得学校研究生一、二等奖学金，并有多名博士生、硕士生的论文在《中国现代文学研究丛刊》《文艺争鸣》《中国诗歌研究》《江汉学术》等重要学术期刊上发表，或在重要学术会议上宣读。

张老师既是一位尽职尽责的奉献者，又是一位诗歌教育的摆渡者。

张桃洲老师为人谦逊、平和，生活朴实、稳健，与老师、学生们相处融洽，深受老师们的好评和学生们的爱戴。他的研究生们提到自己的导师时，总是充满敬意与自豪。张老师曾在课堂上为学生们讲解当代诗人昌耀的诗作《紫金冠》，其中有一赞美"紫金冠"的诗句"不能描摹出的一种完美"，在学生们的心目中，张老师正是像"紫金冠"一样是"不能描摹出的一种完美"！

（文学院）

以爱之名
——记陈希老师

陈希简介

　　陈希，1963年2月生，1987年毕业于北京联合大学文法学院法律系，法学学士。1999年从中国社会科学院法学研究所研究生班结业。1987年入职北京师范学院分院政教系，现就职于首都师范大学政法学院法律系，主要从事"民法学""合同法""民事诉讼法""婚姻家庭法"等课程的教学工作，并从事兼职律师工作。自2010年至2013年连续三年被评为"优秀主讲教师"。

以爱之名
——记陈希老师

首都师范大学政法学院法律系教师陈希,坚信"教育的真谛在于爱"。在二十多年的从教生涯中,秉持着以学生为本的核心教育理念,怀着对教育事业的崇高敬意,秉承一颗爱岗敬业之心,恪守教师职业道德规范,认真履行教书育人的职责,始终以满腔的热忱对待每一个学生,以培养坚守社会公平正义的高素质"法律人"为目标,并以实际行动践行着"以德为行,以学为上"的教育观。

大学的法学教育旨在培养具有高度社会责任感、爱党爱国爱民、品德高尚、坚守公平正义的法律专业人才。因此,通过教育教学活动,引导学生树立正确的社会主义价值观和法律观尤为重要。曾经在一次课堂考勤时,有些同学代替没有来上课的同学签到,陈希老师针对这样的行为提出批评,但有些同学却不以为然,认为小题大做。为此,陈希老师与学生专门开展了讨论,特别从诚实守信的道德理念、法律人的素养、职业操守等角度并结合因以权谋私的最高法院副院长黄松的受贿案为例与同学们分析,让学生认识到防微杜渐与自我制约的意义所在,认识到作为法律人,只有在正确人生观、价值观的指导下运用法律才能发挥法律的真正功能,否则将背道而驰。

陈希老师在法律专业教学活动中,结合我国法治发展的实践,分析我国法治的进步与存在的问题,让学生树立起社会主义法治的信心。她注重培养学生面对社会不良倾向不随波逐流,坚持追求正义、公平的理念和高尚的道德情操,培养学生对人民、对社会的责任感和使命感。为了能让学生有更感性的认识,在"民事诉讼法"的教学中,陈希老师克服种种困难,坚持年年联系最高法院安排学生进行庭审旁听,使每一个法律系的学生都能够到全国最高司法机关亲自观摩高水平的现场审判,近距离地感受司法审判活动。学生们觉得平时在课堂上陌生的法律与他们"不再遥不可及",那些抽象的司法程序如此具体地呈现在眼前,法官、检察官和律师等法律专业人员的司法活动得以鲜活地展现,学生们"顿时有了使命感",切身感受到了专业的"崇高与神圣",法律的"公平与公正",司法的"信任与权威"。这对他们专业思想的形成、职业意识的建立、人生理想的定位以及法律终极目标的追求与奋斗,都有极大的推动作用。

在专业教学方面,陈希老师还善于因材施教,善于调动学生学习的积极性和学习兴趣。她注重教研结合、理论与实践结合,根据学生的不同学习阶段、不同课程的特点,采取不同教学方法。为了达到最好的教学效果,陈希老师在平时课前认真准备,精心设计课程内容和课程形式,课堂上精神饱满、充满活力,鼓励学生课堂上提问,坚持课后答疑解惑。她积极参加学校的教学改革和课程建设，努力提高教学水平，不断探索新的教学途径和方法，以满足学生专业学习的需要。陈希老师积极主动进行各种教学改革尝试，除了进行专业课程建设和多媒体网络课程建设外，还积极进行教改实验，如进行了"法学双主体结构自主研讨型学习教学模式建构"，引导学生积极主动地针对社会热点问题以法律专业的视角进行思考，鼓励他们进行科学研究。并且，为了提高学生主动学习、自主思考的积极性，组织学生成立学习小组，开展课题研究，撰写研究报告或论文，将研究成果予以展示，并通过建立奖励机制激励学生对科研的投入，这样也确实调动了学生的积极性。学生除了提交研究报告，还通过小品表演、短剧视频、动画、模拟法庭、论文宣读等形式进行课题展示，学生的综合素质也得到了提高。此外，为了拓展学生的专业视野，提升学生的专业底蕴，陈希老师还组织学生进行专业书籍阅读。除了对阅读书目进行把关筛选外，她还对学生提交的读书笔记和读书报告逐一批改，并将意见反馈给学生，以利学生今后阅读的坚持和进行。这样虽然增加了学生的学习负担，但一方面促进了学生的专业学习，另一方面也培养了学生的专业能力，因此得到了同学们的认可。在"合同法"教学过程中，陈老师注重学生发现问题、解决问题和实务操作能力，因此特别改变传统授课模式，采取案例教学，由学生以小组形式对案例进行讨论分析，教师进行点评。同时进行合同审查、合同草拟、合同谈判等实操训练，培养学生法律专业的实务能力。

现代教育强调"以人为本"，即"以学生的发展为本"。所以在教育教学活动中，陈希老师认为热爱学生是师德的核心，只有以大爱学生之心去从事教育活动，让学生感受到爱的存在，为学生营造良好的成长空间，才能让学生得到最全面的发展。陈希老师对学生的"爱"表现在尊重与理解、关心与帮助、引导与教育、认真与坚持等多方位多角度上。她尊重并理解学生，学生也愿意对她敞开心扉。

曾有2008级的一位学生，其父母均在国外工作。由于家庭的特殊，这名学生长期独自生活，并且和父母沟通不畅。后来他在未与家长商量的情况下自己擅自决定休学一年。该学生的家长知晓后紧急从国外赶回国进行劝说，但与孩子发生了冲突。虽然在家长、学校等的多方努力下，该学生复学，但抵触与厌学情绪明显。陈希老师作为该学生复学后的班主任，多次与学生及其父母进行交流。对该学生，陈希老师持续不懈地通过单独谈心、电话沟通甚至通过与该同学在国内的其他亲属联系，了解他的思想与困惑，在充分尊重他的基础上理解他、信任他、鼓励他克服困难，努力实现自己的梦想，并且督促他尽可能地来校上课，对他学习上、生活上的困难，尽可能的提供帮助。与此同时，陈希老师积极和他的父亲沟通，让望子成龙的家长认识到孩子需要的是尊重、关爱和耐心，不能简单粗暴，否则欲速则不达，要信任孩子并改善沟通方式，还委婉地指出家长的问题。功夫不负有心人，在陈老师与学校等多方努力下，最终该同学与父母的矛盾缓解，关系缓和。该同学最后不但顺利毕业，而且后来还考上了全美第二历史悠久的威廉与玛丽学院法学院，攻读硕士学位。现在，该学生已经成为一名自信的法律专业工作者了。

在陈老师教授的班上，有一些来自中国澳门地区、中国台湾地区以及新加坡和蒙古等国家和地区的留学生，这些学生因为成长背景以及语言的差异，在专业学习时遇到的阻力比较大，比如语言不过关，听不懂课，或虽语言没问题但对授课内容理解不了。陈老师为了让他们能够和其他同学一样顺利完成学业，除了对这些学生在课堂上给予特别关注外，还主动利用课后时间，坚持给他们单独补课。通过这种一对一的专门教学，这些留学生都能够很好地完成学习任务，并且，最后顺利毕业。

此外，针对新疆等边远地区来的少数民族学生，陈老师尊重他们的民族习惯，也根据他们的需要为他们提供帮助。每个学生都有陈老师的手机号，她的手机保持24小时开机，一旦学生有需要，保证学生能够第一时间联系到她。针对每个学生存在的问题和学习困难，陈老师也会有针对性地帮助他们（她们）解决。

"没有爱，就没有教育。"这是陈希老师始终坚守的教育理念。虽然学生们都是大学生，但爱仍然是一切教育的根源。没有爱，就不会有持之以恒的坚持；没有爱，就不会有一如既往的耐心；没有爱，就不会有耐得住寂寞的默默耕耘；没有爱，就不会有义无反顾地全身心投入。对待学生，陈老师始终以母爱般的情感关爱他们，无论学生在课上还是课外，甚至已经毕业的学生，也不论是学习问题还是个人生活问题，甚至家庭问题，只要需要帮助，陈老师都尽心尽力地帮助他们解决，从未拒绝过。这样的努力也获得了学校与学生的认可。她所授课程在学校教学质量评估中得分均在90分以上，还曾多次被评为"优秀主讲教师"，并荣获首都师范大学第三届（2011）、第四届（2013）"师德先进个人"的光荣称号。从业二十多年，陈希老师始终认为"教育的真谛在于爱"。她将自己赤诚的爱给予学生、给予学校、给予岗位，并最终得到学生的认可、同事的支持、学校的肯定。也正是有学院的培养、同志们的关爱和鼓励,陈希老师才能取得这样的成绩,才能更深地体会到教育工作的快乐与自豪。所以,爱是一切的源泉。

(政法学院)

教之大德　在于贵生
——记王昇芳老师

王昇芳简介

王昇芳，1975年1月生，毕业于北京大学心理学系，博士；现为首都师范大学心理学系副教授、硕士生导师，首都师范大学附属幼儿园园长。多年来，她从亲子关系、同伴关系的视角，探究早期阅读与儿童情绪的健康发展。近年来，她主持的研究课题有国家新闻出版广电总局重大项目"通过儿童观众测试辅助制定儿童节目标准、评估节目效果"、国家自然科学青年基金——"儿童基于视、听觉线索情绪理解的发展特点"、国家自然科学基金面上项目"情绪能力训练在佩戴人工耳蜗和助听器儿童康复中的作用"、教育部人文社科青年项目"混龄编班对学前儿童情绪理解与调节的影响"。在国内外期刊发表论文二十余篇，其中的两篇英文论文分别获得了第四届全国教学科学研究优秀成果三等奖、北京市第六届教育科学优秀成果二等奖。

入职以来，王异芳老师将自己对教育事业的满腔热忱和忠诚付诸教育教学的实践中，恪守教师的职业道德和教学规范，不断提高自己的业务水平和教学能力，并用自己的人格魅力和学识魅力为学生树立了良好的榜样，展现出了一名优秀教师的师德、师能，在教学、科研等方面都取得了显著的成绩。

一、忠诚于教育事业，爱岗敬业，以身作则

自参加工作以来，王异芳老师全心全意做好教书育人工作，以高度的责任感和事业心投入到工作中，爱岗敬业、甘于奉献。对她来说，教书育人绝不仅仅是一种谋生手段，更是一项伟大的事业。爱岗敬业的责任感和使命感敦促着她时时立足本职岗位，严格要求自己的一言一行，不断地提升和完善自己，以身作则，为人师表。

二、恪守自己的职责，治学严谨，业务精湛

教学是一名教师最主要的本职工作，王异芳老师恪守自己的职责，兢兢业业。在实际教学中，她承担了本科生"实验心理学（A、B、实验）"、"青少年心理发展"和研究生"社会认知""儿童情绪理解与调节的发展特点"等课程的教学工作，所教课程学生评估成绩均在90分以上，获得了学生的一致好评。为了更好地帮助学生掌握知识、提高技能，王异芳老师在认真完成基本教学任务的基础上，积极开展教学改革：2008年作为教改项目主持人对"实验心理学（A、B、实验）"进行了探究式教学的课程建设，并在核心期刊发表了教改文章。她用自己精湛的教学能力赢得了学生的认可，使学生的学习兴趣大大提高，学习方法也得到改善，不仅让学生学到了知识，还掌握了有效的学习方法，实现了"授之以鱼"和"授之以渔"的结合。在2010年得到教育学院学生推选，参加了学校"十佳教师"的竞选。

三、较强的科研能力，刻苦钻研，严谨笃学

作为一名高校教师，科研能力是衡量其业务水平的重要指标。2004年以来，王异芳老师作为第一作者在国内外核心期刊上发表文章24篇，其中5篇被SSCI收录，3篇发表在权威核心期刊上；作为合作作者在国内外核心期刊上发表文章9篇，其中3篇被SSCI收录。在2009年北京市科学技术协会主办的"第十届北京青年优秀科技论文"评选中荣获一等奖。现主持国家自然科学基金（31371058）和2016年度国家新闻出版广电总局部级社科研究重大项目（GD1608）各一项。

王昇芳老师依托现有的国家级和省部级课题,为学生设置子课题,带动学生的科研工作。在王老师的指导下,两名学生分别在学校"实验室开放基金"和"本科生科研立项"中获二等奖。目前她指导的研究生作为第一作者在 SSCI 杂志发表文章 3 篇(已接受),核心期刊上发表文章 5 篇,作为合作作者在核心期刊发表文章 2 篇;她指导的本科生作为合作作者在核心期刊发表文章 1 篇。

四、关注学生的成长,热爱学生,乐于助人

"教之大德,在于贵生",最大的师德就是竭尽全力使学生得到最好的发展。王昇芳老师在教学科研的同时,关注学生的全面发展,尽自己所能关心帮助学生,并用自己的人格魅力感染、引领着学生的发展,起到了示范和榜样的作用。为了更好地开展教学和科研工作,她积极联系实验基地,为学生提供实践的机会;为了营造实验室良好的学术氛围,她建立了奖励机制,鼓励学生发表文章;为了增进实验室成员之间的感情,更好地了解学生,有针对性地帮助学生,还经常与学生交流。

(教育学院)

教师职业就是一生的热爱
——记梁雪梅老师

梁雪梅简介

梁雪梅，1969年3月生，毕业于首都师范大学俄语系，硕士毕业后留校任教。2009年首都师范大学文学院博士毕业。2015年首都师范大学外语学院俄语系博士后出站。从2005年起担任俄语系教学主任至今。于2006年获得"首都师范大学优秀主讲教师"称号。

教师职业就是一生的热爱
——记梁雪梅老师

梁雪梅老师毕业于首都师范大学俄语系,毕业后留任学校工作。她政治立场坚定,拥护党的路线、方针、政策,坚持"身正为师,学高为范"的职业道德和操守,始终以一个人类灵魂工程师的标准严格要求自己,工作勤勤恳恳,积极认真地完成首都师范大学布置的各项工作,在科研、教学、事务等方面做到严于律己,不断进取。

在科研方面,梁老师以前期成果为基础,继续深入研究。在国内核心期刊和一般刊物上共发表学术论文12篇,其中核心期刊4篇:《俄汉翻译中东西方语言哲学差异问题的分析》《试论克里普克的专名指称理论》《奎因和斯特劳森的"存在"和"共相"之争》《世界、思维、语言问题探析》。获部级奖项1项:"俄语语法"获"第七届全国多媒体课件大赛"高教文科组优秀奖(2007年10月)。同时,梁老师为了不断完善自身、提高业务水平、丰富知识储备,一方面注重与国内外俄语学者的交流,参加了"全球化下的俄语教学:现状与发展趋势""第一届中西方语言哲学研讨会"等多次国际会议,并提交多次会议论文且发言。另一方面,她继续进修学习,拓展科研领域,于2004—2009年在首都师范大学文学院攻读博士学位,方向是汉语言文字,并于2016年5月完成了12万余字的《斯特劳森指称理论研究》,顺利答辩并获得博士学位。

在教学方面,梁老师专业基本功扎实,热爱俄语及俄语教学工作,工作责任心强,业务能力突出。她在任职期间均满额完成教学任务。梁老师先后承担本科生的"俄语精读""俄语语法""俄语视听说教程""俄语口译"等教学任务。为了提升自己的教学水平,她积极主动地向书本求知,向领导求教,向前辈求助,向实践求真。她积极进取,勇于创新,在教育教学的内容、方法等方面不断探索,遵循教学规律,坚持教改方向,把握学科前沿,使课堂教学常讲常新。她注重学生能力培养,不断提高教学水平和教学质量。她积极探索新的教学模式,在教学中结合每一届学生的特点及具体学习情况,充分调动学生们的学习自觉性和积极性;她紧密关注中俄两国时事热点,及时向学生们介绍与两国关系、现实生活息息相关的知识。为使课程更加丰富有趣,她还尝试同其他高校教师一起探讨教学法的改革、分享讨论自己的教学经验,不断地从他人身上汲取教学经验并优化自己的教学法,所以她总是能将每节枯燥的语言学课程变得充满趣味性,吸引住每位同学的注意力。她实施的教学法得到了同事和学生们的一致好评。而且,自其任职至今,课程年年评估优秀,且平均分达到98分以上,并于2007年被评为"首都师范大学优秀主讲教师"。在休息时间,梁老师多次进到班级听课，并在课下同系里的教师共同交流，分享教学经验以提高俄语系的教学水平。

此外，她还要承担本科生"俄语语法"的教学工作和负责低年级教学团队本科生四级考试工作。众所周知，要想学好一门语言，最重要的是扎实的基本功。为了巩固学生们的俄语基础，梁老师经常利用自己的休息时间，组织同学们一起朗读单词、课文和小说。遇到不敢张嘴的学生，她总是私下鼓励学生，分析其不敢张嘴的原因，在课堂上赞美每一位学生的努力。而且，她总是极其耐心地纠正每一位同学的发音吐字，鼓励语音语调暂时落后的学生勇敢表现自己，多张口、大声说。在她的教导下，俄语系学生们的语音语调从来不是问题。不仅如此，她陪伴着每一届学生共同准备俄语专业四级考试。为了使学生们在考试中取得优异成绩，她花费大量休息时间对学生们进行专门辅导。例如，在俄语专业四级考试中有一项10分的"口语表述"题。她为同学们选出15个主题，让学生围绕不同主题写200字的作文，由她亲自修改后背诵，最后她亲自检查每一位学生背诵文章，确保得到考试中的这10分。虽然每年的考试内容都会有所变化，但是她勇于创新，紧跟学科前沿，在她的努力下，俄语系在连续几年的四级考试中都获得了可喜的成绩，并于2007年四级考试中获得100%通过率的优异成绩。

在行政管理工作方面，梁老师自2005年起担任俄语系教学副主任，负责俄语系本科生的教学工作。一方面，她在日常教学中严格执行首都师范大学在教学方面的规定，维护正常有序的教学任务，认真做好每个学期的排课、调课、期中工作总结、期末检查等诸多工作。为配合"2009中国俄语年"活动，她在2009年第一学期共组织举办7次学术讲座，在2009年第二学期举办4次学术讲座。在"中国俄语年"闭幕前夕，梁老师又组织举办《魅力俄罗斯》文艺汇演，向广大师生宣传俄罗斯文化，鼓舞了学生们学习俄语的热情。在2010年，举办《首都师范大学俄语本科专业50周年文艺汇演》，邀请了乌克兰等国家的艺术团体进行精彩表演。这次汇演回顾了俄语专业50年的发展历程，经过数月的筹划与准备，汇演举办得相当成功，使学生及老师们对俄语系有了更加深入的了解，也激励了教职员工对俄语教学事业的热爱。另一方面，她积极举办各种形式的俄语活动。例如，组织学生参加各种讲演比赛、朗读比赛、书法比赛、知识竞赛等。为开阔学生视野，提高学生们对俄语的兴趣，营造良好的俄语学习氛围，近些年在梁老师的积极努力下，俄语系多次邀请北京大学、北京

教师职业就是一生的热爱
——记梁雪梅老师

外国语大学、南京大学、莫斯科语言大学等国内外知名高校的俄语教授到本校同俄语系学生进行学习交流。她坚持每学期举办4—7次围绕俄语语言学、俄罗斯文化、俄罗斯地理、俄罗斯历史及国际关系等不同主题、各种形式的学术讲座。例如2016年举办了《当代俄罗斯大众传媒与新闻俄语学习》《中美俄的关系会变得更好吗?》《仪式话语》《远东地区中俄民间交往》等讲座。此外,她还主张学习俄语要多听、多交流,所以她不放过任何一个让学生与俄罗斯人交流的机会。她常常带学生们参加校外各种各样的俄语活动。例如:2016年11月,她带领学生参加了中国人民大学与艾尔米塔什博物馆联合举办的"艾尔米塔什博物馆与中国一带一路文化行动的合作思考"、俄罗斯文化中心举办的"圣彼得堡高校推介会"等活动。在活动中,学生们积极发言、勇于提问,既锻炼了自信心,开阔了视野,又提高了心理素质和应变能力,这些素质对于一个优秀的外语学习者是必不可少的。

梁雪梅老师具有高度的工作热情和团队合作精神。几年来在教学和行政工作中,梁老师关心集体,重视团结协作。她积极协调配合领导和同事的工作,把团队合作放在工作的首要位置,受到领导、同事、学生的一致好评。在做好教学本职工作的同时,梁老师关心学生的心理成长,乐于帮助他们排忧解难。列夫·托尔斯泰说过:"如果教师既爱她的事业,又爱她的学生,那么她就是一个十分好的老师。"马卡连柯也说过:"没有爱便没有教育。"正是怀着对学生强烈的爱,梁老师坚持不懈、勤于实践、甘于奉献,想学生所想,急学生所急,时刻把学生的利益放在第一位。她坚信:有了爱,便有了一切;有了爱,才有教育的先机。她凭着对教育事业的热爱,每天都以最佳、最积极、最乐观的状态面对纷繁复杂的工作。她常说,"只有当教师给学生以真诚的爱,学生才会向你敞开内心世界,我们才能'对症下药',收到良好的教学效果"。因此,每到开学季,她都会向辅导员询问每位学生的家庭情况、个人生活情况,对家庭有困难的同学给予更多的关心与帮助。每到有人向她提起兼职工作,她都积极推荐自己的学生。有一次,由她推荐的学生在工作单位被拖欠工资,她立刻给单位领导打电话斥责,第二天该同学就收到了工资。诸如这样的事例还有很多很多,也正因此,学生都给她贴上了个"护犊子"的标签。此外,每年9月份新生入学时,她都会记下每位学生的生日,在生日的时候为学生送上亲切的生日祝福。每当班里有学生生病时,她都督促同学们赶快去看病、多休息,每天都会询问学生最新的身体状况。正因为她对每位学生的爱,拉近了她和同学们的距离。所以每当学生们遇到生活或学习上的难题，都会寻求她的帮助。而她从不厌烦，总是耐心地劝导学生，与他们分享自己的经验和心得。

梁雪梅老师工作责任心强，团结集体，热爱本职工作，爱护每一位学生，真正做到了既教书，又育人！

（外国语学院）

用心用爱去耕耘
——记廖菡老师

廖菡简介

廖菡,1980年10月生,中共党员,博士。2005年3月至今,在首都师范大学外国语学院西班牙语系工作。2012年3月,在北京外国语大学西班牙语系获博士学位。

师德风采录

廖菡老师就职于首都师范大学外国语学院西班牙语系。2005年3月毕业于北京外国语大学西班牙语系，获得西班牙语语言文学硕士学位；同年5月进入首都师范大学外国语学院西班牙语系工作；2006年至2012年在职攻读北京外国语大学西班牙语系博士研究生学位；2012年获得西班牙语语用学博士学位；2008年受国家汉办派遣，赴墨西哥奇瓦瓦孔子学院担任该校首名对外汉语教师，并负责孔子学院的筹建工作；2009年3月回国至今，曾先后担任西班牙语系主任助理、副系主任、西语系系务委员会成员，积极参与本科生教学管理工作、西班牙语系硕士点筹备和建设等相关工作。

廖菡老师热爱祖国，忠诚于党的教育事业，严格践行党员同志在各方面的高标准、严要求，注重党的理论知识学习。2015年10月参加由中共北京市委教育工作委员会举办的"北京高校青年骨干教师理论培训班"，严格遵守培训纪律，通过考试，达到培训要求，取得结业证书。作为外国语学院法德西党支部的支部书记，她积极贯彻实施学校及学院党委的各项政策，配合学院党委有效开展工作，发挥创新精神，组织了主题鲜明、富有创意、形式多样的党日活动。她曾于2012年至2015年连续四年组织赴109中学、古城中学开展"争创学习型、服务型、创新型党支部"的主题党日活动。2016年5月、11月她组织开展的"'品学论德'退休教授助力青年学者成长专题系列座谈会"主题党日活动，获批学校党建创新重点培育项目。

作为支部书记，廖菡老师从关心支部成员的生活出发，用心了解和掌握支部成员心中所想，积极沟通，上传下达，细心耐心地解决问题，做好暖心工作。同时还鼓励支部党员同志坚定政治信念、树立政治信心，在大是大非的问题上立场分明，在当前复杂的国际国内社会环境中对敏感的社会问题采取积极的心态和光明的视角去看待和应对，并力争在日常教学科研等各项工作中充分发挥共产党员的先锋模范作用。在法德西党支部支委的共同努力下，支部成员之间建立了互帮互助机制，在支部成员生活遇到重大事件时，无论是结婚生子，还是生病搬家，大家都会主动关心、互相知会、互相帮助。2014年7月法德西党支部获得"首都师范大学先进教工党支部"称号。2016年7月廖菡老师获得"首都师范大学优秀共产党员"称号。

自参加工作以来，廖菡老师爱岗敬业、精通业务，业务素质优良，是系里业务工作的骨干力量。热爱教育，热诚教学，热心教研，能做到事事处处努力发挥党员教师的先锋模范带头作用。在教学上积极努力，严谨钻研，认真完成

用心用爱去耕耘
——记廖菡老师

学校及院系交给的各项教学任务，一直在教学第一线担任专业核心课程的教学工作。她曾先后承担"西班牙语精读""西汉口译""汉西口译"等专业基础课和专业方向课程"普通语言学"；承担研究生学位方向课"西班牙语语言学导论""西班牙语语用学"；担任研究生"西班牙语教学法研究"授课导师组成员。此外，她每年认真指导学生学年论文、毕业论文4~5篇。并积极参与教学改革和课程建设，近五年指导本科生科研立项共3项，并两次获批北京市市级科研项目资格，指导研究生优秀论文培育计划一个。

廖菡老师对教学高度重视、全情投入，坚持严格要求学生，关注学生成长状态，认真履行教书育人的职责。在本科生课堂上，每节课都认真备课，讲解清晰，重难点层次分明，追求高效课堂。同时严格要求学生认真预习，及时复习，做到每一次课都有检查和反馈，认真批改的学生每一份作业，科学检验学生学习效果。在教授低年级课程时，她坚持每天早上七点半组织学生早读，并对零起点的学生进行一对一的纠音，针对学生特点进行个性化辅导，组织学生进行听说练习，夯实专业基本功，同时培养学生守时自律、勤奋向上的良好习惯。在教授高年级课程时，她坚持每堂课课前五分钟针对对象国国家的国情新闻进行复述、评论，培养学生独立思考的能力，提高学生清晰、正确地表达自身思想观点的综合素质。在研究生课堂上，鼓励学生大量阅读原文著作，以科学的精神、批判的态度看待学术问题，鼓励学术讨论，主张学理越辩越明。廖菡老师不断探求新的教学方法和手段，努力改进教学效果，提高教学质量。2013年获得"首都师范大学优秀主讲教师"称号。

在科研方面，廖菡老师注重自身专业素养的提高和科研能力的养成，关注学界动态，撰写科研论文，积极参与学界科研及交流活动。2010年7月参加全国高校西班牙语青年教师教学技能交流会，增强与全国高校西班牙语专业领域同行的联系；2010年8月参加亚洲西班牙语学者大会，宣读论文，并被大会论文集收录，于2011年9月出版；2011年7月撰写论文，被北京外国语大学专业学术论丛"西班牙语语言文化研究"收录，于2011年年底出版。2014年6月参加北京外国语大学举办的"第三届全国西班牙语教学观摩研讨会"，与国内同行积极沟通交流，分享学习教学经验和感受。2014年7月完成校级博士启动基金项目结题，完成学术报告《西班牙语科技文献语料库主题词及词表生成研究》，为进一步展开科研活动打下基础。2015年6月在北京外国语大学学术论文集《西班牙语论丛》上发表论文《基于语料库的西班牙语语言学文章摘要主题词研究》。2015年11月、12月参加由北京市高等学校师资中心举办的"北京市双语教学国内深化培训学习班""名家谈外语教学与科研培训班""高校教学名师谈教学——青年教师教学能力提升培训班""北京市属高校骨干教师科研能力与师德素养提高高级研修班",均严格遵守培训纪律,达到培训要求,取得结业证书。

自2011年起,廖菡老师每年担任西语系本科班班主任,爱岗敬业,细致、科学地关爱学生,具有高度的责任感。作为一名专业课教师,她在兼任班主任时,除了肩负传道授业解惑的职业责任,更具有用生命去影响生命的道德抱负。她从不轻易给学生负面的标签化评论和不好的群体预设,为建设良好的班风和学风而努力,积极乐观,心胸宽广,能荣辱不惊,会推己及人,努力获得学生全然的信任、真诚的认同以及自觉的被影响。她不断提高自身的党性修养,拥有过硬的思想政治素质和与学生沟通的工作能力,了解学生真正的生活状态和心理状态,坚持言传身教,用自己的正气、世界观和行为涵养对学生产生潜移默化的影响,努力做到既教书又育人。

廖菡老师坚信:对学生的关爱既是教育的根基也是教育的归宿,没有真心关爱学生的老师,就不会有能积极关爱他人的学生。这是师德的根本立足点。作为一名合格的人民教师,应该平等、深入地关爱每一位学生。她每周安排两段固定的时间跟学生进行"一对一"的深度访谈,了解学生在生活、学习、思想和心理方面遇到的问题和困难,访谈内容涉及学生家庭关系、同学关系、个人感情问题、经济状况、专业学习情况、课外阅读状况、入党问题、职业规划问题、考研出国问题、对社会热点的关注问题等各个方面,并针对问题给予学生个性化的指导和支持。正是由于对学生发自内心的关爱,学生可以感受到来自教师的平等与理解,在遇到困难时就不会觉得无助,不会形成无法排解和释放的心理压力,逐步有了向他人寻求帮助和自我解决问题的能力,与人交往的自觉意识增强,情商得到提高。这样的信念不仅仅是廖菡老师一个人有,也是外国语学院西语系整个集体的信念,西语系学生整体性格阳光向上,少数内向腼腆的学生在温馨和睦的大环境里也有了显著改变。廖菡老师2011年获得"首都师范大学师德先进个人"称号,2013年获得"首都师范大学优秀班主任"称号。

在服务工作方面,廖菡老师认真履行系主任助理、副系主任、系务委员会委员的工作职责,认真完成院系交给的教务管理工作;曾担任西语系工会小组组长,组织协调西语系教师积极参加各项工会活动;参与外国语学院招生咨询工作，向有志报考首都师范大学外国语学院西语系的学生提供解释说明；担任西语系安全员，负责西语系安全防范等日常工作；担任外国语学院二级教代会主任，负责二级教代会的日常工作，联络各系的二级教代会代表、组织提案和意见建议的征集与反馈工作；作为校"双代会"代表，积极参与学校"双代会"工作。

廖菡老师一直努力践行中国共产党全心全意为人民服务的精神，从不拈轻怕重，责任意识强，勇于担当。她坚信：人民教师的工作是一项责任重大的良心活，教师的投入程度甚至可以决定和改变学生们的生命轨迹。从这个角度而言，无论多么大的投入似乎都显得并不为过。

（外国语学院）

做学生的倾听者、导向者、启发者
——记李环老师

李环简介

李环，1963年10月生，高级工程师，研究方向为计算机网络，管理信息化。1984年参加工作，1997年调入首都师范大学至今，曾荣获"首都师范大学第三届师德先进个人""首都师范大学第三届优秀教师"称号。

做学生的倾听者、导向者、启发者
——记李环老师

李环老师1997年1月由铁道部专业设计院调入首都师范大学从事教学工作，1989年加入中国共产党，1995年晋升为高级工程师，现任管理学院信息管理支部书记。

从事教育工作以来，李环老师忠诚党的教育事业，凭着对教育事业的极度热爱和努力向上的敬业精神，在工作中始终认认真真、兢兢业业，关心身边的每一位老师和学生，做到了为人师表，得到了广大师生的好评和组织的认可。

一、开展支部工作，营造和谐集体

管理学院信息管理支部现有教师16人，其中党员10人。李环老师担任支部书记后，认真完成组织交给的各项工作，坚持按月开展支部活动。主动关心每一位老师，为老师解决实际困难。与专业负责人配合，积极参与教学改革和学科建设，组建了应用型人才培养教学团队。秉承党员和群众拧成一股绳信念，制定了厚基础—重实践—拓展社会服务能力的专业建设方案，体现了复合专业的社会服务功能。信息管理专业2010年被认定为首都师范大学特色专业。李环老师在教学团队中发挥重要作用，和其他老师共同协作，构建了"两纵一横"的教学体系，注重信息技术基础和现代管理理念的融合，开展了以拓展社会服务能力为导向的信息管理应用型人才培养模式的研究与实践。该团队获得了2010年首都师范大学优秀教学成果奖，支部也获得了2011年优秀支部的荣誉。2012年李环老师带领教学团队完成的"'123'模式的网络课程群设计与实践教学改革"再次获得学校的优秀教学成果奖。

信息管理支部是一个团结的集体，在这个集体中，李环老师是一位老大姐，她关心每一位老师，考虑问题周全，组织和带领年轻的老师积极参加学校的各项活动，组织老师参加体育锻炼。作为工会委员的她，积极参与组织工会活动，使得新成立的管理学院获得了优秀组织奖。尽管人过中年，她还和年轻老师一起参加乒乓球和羽毛球比赛，在"50米教工女乙组短跑比赛"中还获得过第一名的好成绩。

二、爱岗敬业，甘于奉献

李环老师热爱教育事业，全身心都投入到了教学科研工作中，在教师这个平凡的工作岗位上踏实认真敬业、甘于奉献。她承担了"计算机网络原理""计算机网络实验""网站规划与设计""现代媒体制作技术"等课程的教学工作。在教学过程中她不断改进教学方式，孜孜不倦地探讨教学方法，尊重学生的个性，启迪学生的创造性思维，努力按"卓越工程师教育培养计划"去培养工程型应用人才，尽可能让学生做到零距离就业。几年来她先后主持多项教学改革项目，研究网络应用型人才培养方案，设计了近50多个网络实验项目，编写了一整套从基础验证性到综合应用性实验的教材，在担任网络课程小组负责人期间，组织教网络课的老师认真研讨，进行学术交流，共同搭建网络实验平台，使得我校网络教学得到了很大的提高，教学效果良好，深受老师和学生的好评。李环老师从2008—2010年连续三年被评为学校"优秀主讲教师"，2006年、2008年、2010年被评为"考核先进个人"，2009年被评为"优秀实习指导教师"，2009年、2010年被评为"工会积极分子"，2011年被评为"首都师范大学优秀教师"。2016年李环老师又承担了管理学院现代多媒体制作技术平台课的建设，在教学过程中投入了大量的精力，深受学生的喜爱，学生给她的评估成绩为100分。

没有爱岗敬业、无私奉献的精神就不可能成为一名好老师。李环老师在担任班主任期间，为了培养学生的实际工作能力，自己花钱到公司请专家来校指导全班学生搞设计，每天晚上和学生一起做项目，通过3个月的实践训练，学生的能力得到了很大的提高，大多数学生具备了独立设计和开发的能力。其中李自强同学本科刚毕业就被中国电子科技集团公司第十五研究所（华北计算技术研究所）录用。李志杰同学也被HP公司技术支持部录用。

李环老师还积极组织和指导学生参加竞赛和科研活动，近三年李环老师指导了4项国家级大学生创新创业计划项目，其中一项获得北京市优秀奖。她还和管理学院的其他老师一起组织并获得本科生学科竞赛优秀组织奖，其中她主持的多媒体大赛，极大地提高了学生对多媒体的学习兴趣。并指导聂奇获得ITAT比赛北京赛区二等奖；指导学生参加实验室开放基金项目，学生周昉石、丁渺辰、张兆安同学获得三等奖；指导戴清灏等同学做大学生创新性课题，探讨云计算技术的应用。中国石油大学的老师反映管理学院学生的研究成果已经具备了硕士研究生的水平，李老师正是通过以点带面的形式营造学生的学术氛围。

三、教书育人，为人师表

"以情育人，热爱学生；以言导行，诲人不倦；以才育人，亲切关心；以身示范，尊重信任"，李环老师正是以此为标准做的，她对待学生是管而不死，

做学生的倾听者、导向者、启发者
——记李环老师

严而不厉，爱在其中，恰到好处地把握了严和慈的尺度，所以她的学生都非常喜欢她。李老师不单纯向学生传授知识，而且为学生创造良好的条件，启发他们开创美好人生。她经常和学生一起谈话，探讨人生的道路，鼓励学生做一个道德高尚、积极进取、乐观向上、和谐发展的人。这些年来，她一直默默地做学生的倾听者、引导者、启发者。

有一位学生大四上学期有一门考试不及格，而无法正常毕业，精神几近崩溃，两天没有吃饭睡觉，两眼发直。李老师知道情况后，主动和他谈心，认真倾听学生的述说，原来他已经找到一个很好的工作，如果不能按时拿到毕业证，工作就丢了，而且他的父母对他寄予厚望，要求非常严格，他无法面对家人和自己，接受不了这样的打击。李老师认真开导他，帮他设计了出国、考研、就业三条路，而且每条路都可以给他提供帮助，让他自己选择。学生走后，李老师又及时和该生的母亲取得联系，进行沟通，通过学校和家庭的共同努力，该生办好了出国深造的手续，"如果没有李老师的开导和帮助就没有孩子的今天"这是他的父母特意到学校来感谢李老师说的。

四、锐意进取，注重创新

作为一个计算机专业课教师，李环老师非常注重更新知识，提高科研能力，利用课余时间刻苦钻研，努力探索，发表科研、教改论文30余篇；编写教材9本，正式出版7本，其中《计算机网络》被评为学校优秀教材；主持和参加科研项目十余项，其中主持的"铁路战备图文信息管理系统"获得国家交通战备科技进步二等奖(排名第一)，"铁路建筑及建筑设备专业设计软件"获全国工程设计计算机软件二等奖，《用Java实现数据的实时更新》获中国高等教育学会第四届学术年会优秀论文一等奖。

除了自身的进取和创新外，李老师还注重培养学生的科研意识和能力，在教学过程中将自己的科研成果和本领域的最新成果引入到教学中，切实进行以科研促教学的行动。在学生中组织兴趣小组，参与科研工作，培养出了像戴清灏这样一批有一定科研能力的好学生，为培养社会主义栋梁之材做出了贡献。

师生推荐李环老师为"师德先进个人"时，她谦虚地说"我只是一名平凡的教师，恪守自己的职业道德，没有轰轰烈烈的事迹，把机会留给其他老师吧"。李环老师就是这样一位平凡而可敬的教师。

(管理学院)

师德在行动中闪光
——记尹铁良老师

尹铁良简介

尹铁良，1956年1月生，河北武强人。现为首都师范大学音乐学院教授、博士生导师，北京音乐家协会理事。全国优秀教师奖章获得者，国务院政府特殊津贴专家。创作、发表各类音乐作品500余部，获国家级、省部级奖励50余项，其中舞剧《轩辕黄帝》音乐获全国第七届文华奖——音乐创作奖。著有《声乐作品分析与作曲技法研究》《自然组合的小乐队配器指南》《歌曲创作基础》《儿童歌曲创编》《音乐基础教程》等著作及教材，其中《歌曲创作基础》获北京市高校精品教材奖，《音乐基础教程》入选全国"十二五"规划教材。

师德在行动中闪光
——记尹铁良老师

他是"全国优秀教师奖章"获得者；他是"国务院政府特殊津贴"获得者……在他35年的教师生涯中获得的国家级、省部级荣誉奖励不计其数。

他出版了《声乐作品分析与作曲技法研究》《自然组合的小乐队配器指南》《歌曲创作基础》《儿童歌曲创编》《音乐基础教程》《中国作曲家经典——尹铁良作品专辑》《远航》等专著及教材，其中有的获得省部级文艺奖，获得"北京市高校精品教材奖"，有的入选全国"十二五"规划教材；他还两次获得"省部级优秀教学成果奖"……作为教师，他孜孜不倦地进行教学研究。

他创作并发表了各类音乐作品几百部，包括舞剧、歌剧、舞台剧音乐《轩辕黄帝》《鸣凤》《尧天舜日》《中校张金垠》《秀色》《何满子》《白雪公主与七个小矮人》等；电影、电视剧音乐《这群汉子》《红石敖包》《平原枪声》《三滴血》《阳光灿烂周三强》《烽火长城》《孙中山》等；管弦乐、民族管弦乐、室内乐《年轻人》《客家情》《冀风》《网Ⅰ》《网Ⅱ》《网Ⅲ》《图像集三页》《京剧行当速写册》等；交响声乐套曲《劳动创造幸福》《南水北调》《沂蒙红崖》《为你歌唱》《沂蒙组歌》等；歌曲《白衣天使》《永远的报答》《国土》《老师你好吗》《和平颂》等。几十次获得国家级、省部级奖励，作为著名作曲家，他呕心沥血地为社会、为大众奉献了自己的聪明才智。

他——就是首都师范大学音乐学院教授、博士生导师尹铁良，一个任劳任怨、桃李满天下的人民教师，一位谦虚内敛、与世无争的作曲家，一名有坚强意志、责任担当的具有35年党龄的共产党员。

谈到师德，他总是平静地说："师德不是用嘴说的，是做出来的；不是写在纸上的，是干出来的；不是空洞的理论概念，而是实实在在的行动。"

一、师德——行动在不断的思想升华中

1982年，大学毕业的尹铁良，放弃了留校任教的机会，背着沉甸甸的知识行囊，以一个26岁的年轻共产党员的身姿，毅然回到自己的家乡河北省的贫困的衡水地区的基础音乐教育培养基地——衡水师范学校，成了一名普普通通的音乐教师。他以满腔的热情和积极的态度，投入到火热的基层音乐教育和音乐文化的荒漠之中。在这里，他将自己的所学全部运用于家乡的音乐教育和音乐文化事业上，在他的无私奉献和努力下，不到四年时间，全省音乐文化最落后的地区一跃成为名列前茅的地区。他自己也硕果累累，在1984年河北省首届"音乐之春"活动中，他创作的管弦乐《年轻人》、歌曲《在绿色原野上》《小鸟

衔来的春天》《让青春插上歌声的翅膀》等五部作品，获得优秀作品奖。因此，他也获得了极高的荣誉，被评为地区专业技术拔尖人才，荣立省级三等功。作为一名基础音乐教育的教师，他不仅为家乡做出了自己应做的贡献，思想上也得到了升华。

对他人生观、世界观的冲击最大的，莫过于尹铁良人生中最大的一次洗礼，也是对一名音乐教师的严峻考验。1987年冬，他接受了一个任务，战斗在对越自卫反击战前线的北京军区第27集团军第80师，邀请他到前线为"老山战士演出队"创作两台音乐舞蹈晚会。他毫不犹豫地接受了这一光荣的邀请，作为一名"准军人"，奔赴炮声连天、枪林弹雨的老山前线。这次任务不是一般的艺术采风、体验生活，而是真正意义上的"参战"。作为老山战士演出队的战士，要经过荆棘丛生、令人恐怖的雷区，还要迎着隆隆炮声深入到最前沿的猫耳洞、战地医院慰问演出、采访、交流，回到驻地就要进行构思创作、排练。前线的血与火、生与死的严峻现实，使尹铁良坚定了自己的信念，要更加坚强地迎接挑战。在老山前线的半年多时间里，他创作了五十余部钢琴曲、室内乐、舞蹈音乐、歌曲，受到了中央军委领导的接见，受到了前线部队的肯定，并授予这个"准军人"三等军功章。尹铁良的教师生涯，可以说是获奖无数。但对这个三等军功章尤其看重，因为这次，使他的人生观、世界观经历了最彻头彻尾的改变，使他的思想政治觉悟得到了提高，为他作为人民教师的职业道德、职业操守奠定了坚实的基础。

二、师德——行动在知识积累的全过程

作为一名人民教师，没有扎实的知识、坚实的学术水平，就不能完成传道、授业、解惑，就不能成为一名合格的教师。同时，知识不断地更新更是一个优秀教师所必须做到的。在知识的学习方面，尹铁良是这样告诫自己和勉励学生的：要向社会学习，要向大师学习，要做到终身学习。

首先，向社会学习。社会生活是一位好老师，是获取知识的其他任何渠道所不能相比的。尹铁良从小生活在社会的基层，对基层人民的艰辛更具有切身的体会。他少年时代就进入艺术团体，从小就打下了民间音乐文化知识坚实的基础，并嵌入自己的灵魂中。参加对越自卫反击战，使他在人生观、世界观转变的同时，也学到了在何时何地都难以学到的战争环境下的知识。

向社会学习，是一个双赢的行为，就是在向社会生活学习的同时，又要做

到为社会服务的职责,形成良性的循环。2003年"非典"时期,他创作了歌曲《白衣天使》,为奋战在没有硝烟的战场上的白衣天使们唱响了颂歌。2008年汶川地震,他创作了歌曲《大爱无言》《与你同行》《士兵》。2014年,他创作了交响声乐套曲《劳动创造幸福》,其中的一首合唱《好样的》,被点名参加了2015年中共中央、国务院春节团拜会,尹铁良作为作曲家被邀请出席。2015年创作的交响组歌《沂蒙红崖》,2016年创作的交响声乐套曲《沂蒙组歌》,都是向社会学习而产生的优秀作品,这些作品都反馈到社会中成为进行爱国主义教育的好教材。

其次,向大师学习。向本专业的一流专家学习,才能使自己的知识技能达到更高的层次,才能更有能力成为一个优秀的教师,才能培养出更高水平的学生。尹铁良认为,自己虽然具有较为深厚的生活积累,也有在大学打下的知识基础,并获得了较好的成绩,但并未达到自己满意的高度。因此,他拜在著名作曲家施万春、金湘两位先生的门下继续学习,使自己的作曲技术理论水平和创作实践技能,得到了突飞猛进的提升。

最后,终身学习。已经成为作曲家、教授的尹铁良,2001年调到首都师范大学后,在繁重的教学与行政工作之余,还到中央音乐学院听课学习,补上了诸如"现代和声""音乐分析""现代作曲技法"等课程。不仅到校外听课,他还向身边的同事学习,甚至不耻下问,向自己的学生学习。他的这种学习态度,受到了同事和同学们的一致赞赏。

三、师德——行动在教书育人的实践中

师德的终极目标是育人。空有扎实全面的知识技能,却做不到教书育人,同样也不是一个好的教师。既教书、又要育人,才是一个优秀教师一生的追求。

首先,任劳任怨,为人师表。在尹铁良几十年的教学生涯中,他都是超工作量教学。他所教过的课几乎涵盖了所有作曲基础理论与实践课的全部,比如"和声学""对位法""配器法""曲式与作品分析""作曲技法"等。几十年来,他认真备课,改革教学,改革教材,自编教材。上课都是提前十分钟到教室,从不迟到。作为教授、博士生导师,很多都不教本科生的基础课,但尹铁良老师始终坚持教授本科生基础课,常年的本科基础课有作曲指挥系的"配器",音乐科技系的"配器",师范班、表演班、录音班的"小型乐队编配"。

课程的量，仅仅是一个老师教学态度的表层体现，更为重要的是，怎样研究、改革教学，这才是对教学评价的"质"的要求。在这方面，尹铁良老师在两个环节上做得很好：(1)教材的多样化。在他的配器课教学中，教材的引入就有八种之多，再加上自己出版的教材，或自己讲课的讲义，就有十种之多。教材的多样化，扩展了知识的视野，给了学生更多的、更广的学习空间。(2)理论与实践紧密结合。在作曲课、配器课的教学过程中，他从来都是理论与实践紧密地结合在一起，使学生不仅掌握扎实的理论基础，同时在创作实践中获得成果。

其次，既教知识，也教做人。和尹铁良老师的毕业生或在校生谈话，经常会听到："和尹老师学习，不仅学到了应有的理论与实践知识，更重要的是和老师学到了做人的品质。"尹铁良不仅把自己看作一名普通的教师，同时，对自己又有极其严格的要求，因为自己是一名老共产党员，一言一行都要以党员的标准要求自己，这在教书育人过程中至关重要。他在课上从来不讲与教学无关或者是道听途说的内容，在课下则用充满"正能量"的话语和学生交流，使学生受益匪浅，甚至是受益终身。

在尹铁良老师几十年的教学生涯中，时时刻刻都敬畏着"师德"这两个崇高的字眼，并认认真真、踏踏实实地践行着。"老骥伏枥，志在千里"，当下，已进入花甲之年的他，对师德的敬畏，不仅没有丝毫的淡化，更有了新的诠释：

师德——是一个不断升华、不断重塑的形象；

师德——是每一个教师一生都必须追求的目标；

师德——是关乎我国教育事业蓬勃发展的重要指标。

（音乐学院）

为学为师 孜孜以求
——记刘兆理老师

刘兆理简介

刘兆理，1963年9月生，首都师范大学数学科学学院教授，博士生导师，国家杰出青年基金获得者，教育部长江学者特聘教授，北京市特聘教授。担任北京市海淀区政协委员、《数学进展》《纯粹数学和应用数学》《Journal of Mathematical Study》《Analysis in Mathematics and Applications》《应用泛函分析学报》杂志编委等职。刘兆理教授曾经4次获得省部级自然科学和科技进步一、二等奖，其中2007年获得教育部高等学校自然科学二等奖（排名第一）。刘兆理教授2008年获得国家杰出青年科学基金，2009年被评为"教育部长江学者特聘教授"。

一、生命不息，学习不止

刘兆理老师本科、硕士和博士都就读于山东大学，1992 年在山东大学获得博士学位。刘兆理老师一直以来都非常勤奋刻苦，求学时由于自身的刻苦努力加上在数学方面展现出的极大热情，得到了老师们的一致认可和鼓励，在考入山东大学数学系后，有了明确的专业领域，从此一头扎进数学这片浩瀚的海洋。那时面对这片高深莫测又困难重重的领域，年轻的刘兆理老师意识到只有练就了坚实的臂膀才能够在这片天空里翱翔，才能站在巨人的肩膀上以自身之力推动数学事业向前发展。从此"不断学习"成为刻在他身上的座右铭，成为流淌在他血液里的品质，成为他坚持至今不变的生活习惯。1987 他硕士毕业后留校在山东大学担任教学工作，期间在中科院数学所做访问学者，2001 年受德国洪堡基金会资助到德国吉森大学访问，之后还先后在美国犹他州立大学和美国艾奥瓦大学做访问学者。2004 年回国调入首都师范大学，在首都师范大学数学科学学院工作至今。一路走来，一路学习，勤奋钻研，孜孜以求。

进入首都师范大学工作以来，无论是做教学工作还是从事科学研究，刘兆理教授都一以贯之。在学院的日子里，他总是默默地很早来到学院，在办公室里辛勤研究到很晚，休息日和节假日也是这样，除了外出访学开会，几乎天天如此。每天，他办公室的灯光都是很晚才熄灭，渐渐地就连教学楼的楼管人员也经常提起刘兆理老师的名字。

正是刘兆理老师不断学习、勤奋进取、治学严谨的宝贵品格，使他学术研究成果斐然。刘兆理老师多年来从事临界点理论及其应用的研究，在变分方法和非线性偏微分方程方面做出了突出的研究成果，在多个国际重要学术期刊上发表多篇论文，其研究成果被国际上许多著名数学家引用，美国数学评论认为刘老师的论文"包含新的强有力的定理"。他的成果具有国际先进水平，创造性突出，得到了 H. Brezis 教授和 P. Rabinowitz 教授等国内外著名同行专家的关注和高度评价。正是由于他在学术研究上的突出成就，使他在众多学者专家中脱颖而出，获得国家杰出青年基金并被评为"教育部长江学者特聘教授"，成为首都师范大学第一位自己培养产生的杰出青年基金获得者和"长江学者"，填补了学校这两项空白，为学校赢得了荣誉，更显示出他高超的学术成就。

二、悉心关怀，教书育人

任教多年，刘老师对待人才培养工作和对待科学研究一样兢兢业业，全身

为学为师　孜孜以求
—— 记刘兆理老师

心投入，他的学生们对此感受颇深。学生们说："老师给我们上泛函课，每一个知识点都讲得清晰明了、浅显易懂，板书更是极其工整，所以我们上他的课从没觉得枯燥辛苦，反而感到如沐春风的享受。"在繁忙的科研和授课之余，刘老师从未放松对学生学业的指导和生活的关心。大到人生道理，小到一个数学公式的推导，他总是充满智慧，耐心讲解。他跟学生们分享求学的经历，分享对人生的思考。他说："做数学是要能静得下心来的，要能抵得住外面灯红酒绿的诱惑，要能坚持。"在这一点上，他是同学们的榜样，刘老师淡泊名利，一心一意做研究，将精力主要集中在学问研究上。他为人谦逊低调，对报纸杂志的采访与追踪，他总是尽量谦让他人，一直保持着一颗纯粹的学者之心。他经常悉心教导自己的学生，"对于学问研究要保持敬畏之情，时刻以谦谨的态度做研究"。这种严谨踏实的工作作风使学生们受益匪浅。

刘老师处处为学生着想，尽心尽力。无论是学习、生活还是就业，他都给予学生们无微不至的关心与具体指导。刘老师收研究生时，都会和他们促膝长谈，谈过去，谈现在，谈未来。刘老师非常看重学生的学习品质，他认为具有吃苦耐劳、坚持不懈的精神对于学好数学非常重要，有价值的创新并不是凭空而出的；每个想法付诸实践的过程，都需要大量的积累沉淀，博观约取，厚积而薄发。这番话，学生们总是铭记在心，也真切感受到刘老师希望自己的学生能够珍惜时间，真正学到东西。

在学习过程中，刘老师细心观察学生的学习状态，学生遇到困难了，他便主动约学生一起吃饭或者逛操场，了解学生的生活和情感世界，以期给予帮助。刘老师在学习上对学生是严厉的，但在生活上，却犹如慈父一般对待自己的学生。每次节日到来，刘老师都会邀请远离家乡在京求学的学生到家里来吃饭，学生们特别感动。学生们敬畏他，爱戴他，又感恩于他。每年会有许多毕业的学生回母校看望刘老师，守在刘老师上课的教室门口等待刘老师下课。一位已经毕业在高校任职的学生，常回母校拜访刘老师，时间长了，学生们都认得这位大师哥，大师哥有时候还会带着学生参加刘老师的讨论班，其乐融融。他说大家回来一方面是与刘老师探讨学术问题，另一方面是留恋与刘老师的愉快交往。有学生说："从刘老师身上不仅学到了知识，还学到了更多更重要的东西。刘老师不仅是我的学术导师，更是我的人生导师。"简短而有力的几句话吐出了真言，刘老师对学生的关怀与爱无私而真诚。

三、奉献自己，服务社会

在日常生活中，刘兆理老师为人谦和，温文尔雅，待人真诚有礼。与刘老师谈话，处处能感受到他一心想为国家和社会出力的心情，周围的师生都感受到了他的热忱，从而心受鼓舞。同时，刘老师关心学院的发展和学校的发展，无私地做好各种服务工作。在学术方面，刘老师的科研成就是有目共睹的，他一直致力于临界点理论及其应用的研究，发展了下降流不变集方法，并将这一方法率先成功应用于非线性微分方程理论的研究中。其研究成果被国际上许多著名数学家引用，在著名数学杂志 JFA 和 TAMS 上发表的数篇论文中都有对刘老师开创性研究工作的高度评价。美国《数学评论》认为刘老师的论文"包含新的强有力的定理"。刘老师在科研工作中获得的这一系列成绩有力地推动了首都师范大学数学学科的高水平建设，促进了学校的发展。

另外，作为学院学术委员会成员，刘兆理老师非常关心数学学院的建设与发展，在学院申报国家重点学科、一级学科博士点的各项工作中做出了积极的努力。在数学学科于 2006 年获得国家一级学科博士授予权的申报材料中，刘老师被列为第一位学科带头人。在基础数学学科于 2007 年获得国家重点学科的申报材料中，刘老师被列为第二位学科带头人。刘老师积极参与了这两次申报工作，勇于担当重任，为学院发展建言献策，为学院、学校的建设和发展做出了重要贡献。

刘老师对高等教育的发展十分关注，他正在深入研究关于高等教育教学、科研，以及相关评价系统的体系。他认为，我国目前的高等教育教学、科研评价体系还存在许多不合理的地方，这些都需要进一步改革，只有释放了创新能力，才能保持高等教育活力。刘老师勇于将国家发展的重担扛在肩头的浩然之气令同学们敬佩，是师生们的好榜样。

（数学科学学院）

春风化雨　润物无声
——记杨志伟老师

杨志伟简介

　　杨志伟，1967年4月生，老师1992年毕业于首都师范大学生命科学学院，获理学硕士学位。同年留校工作，任生物化学教研室讲师。2003年在中国科学院微生物研究所获得分子遗传学博士学位，现任生命科学学院副教授。

　　杨志伟是本科生"生物化学"和"生物化学实验"的主讲教师，已全职任教16年。曾获得"北京市青年教师教学基本功比赛二等奖"，并多次被评为我校"优秀主讲教师"。2008年获得"北京市教育教学成果二等奖"。2011年获得我校"师德先进个人"的称号。

　　在科研方面，杨志伟主要进行逆境微生物抗性分子机理的研究，曾主持国家自然科学基金和北京市教委面上项目，发表学术论文十余篇，培养研究生12人，在细菌胁迫突变的分子机制研究方面取得创新成果。

师德风采录

　　杨志伟老师是我校培养的中青年骨干教师。1985年，作为北京市第一批高校保送生，她从北京市一零一中学保送到我校生物系（现生命科学学院）学习。在大学四年的学习中，她勤奋努力、刻苦钻研，以优异的成绩升入我校植物生理学专业攻读硕士研究生，师从邱泽生教授。1992年研究生毕业后，她留在我校生物系生物化学教研室工作，为本科生开设"生物化学"和"生物化学实验"课程。2003年，为了适应学校对教学科研岗位的更高要求，她考取了中国科学院微生物研究所博士研究生，师从王敖全研究员，进行细菌适应突变机理的研究。在中国科学院，她参加了国家自然科学基金课题的研究，得到了系统、全面的科研训练，在遗传突变领域的重要刊物《Mutation Research》上发表研究论文，并于2003年获得博士学位。博士毕业后她返回首都师范大学生命科学学院工作，2004年被评为副教授，并担任"生物化学及分子生物学"教研室的负责人。由于出色的教学工作成绩，2007—2010年杨志伟老师被学校委派担任生命科学学院教学副院长，在教学团队、专业建设和课程建设等方面做出突出的贡献，推动生命科学学院的教学水平上了一个新台阶。迄今，杨志伟老师在教师岗位已全职工作二十余个春秋。在这二十余年中，她本着对祖国教育事业的忠诚和满腔热爱，在教师工作岗位上努力进取，勤奋工作，以自己的学识和人格魅力教育和感化学生，赢得了学生的尊重和喜爱，曾获得"北京市青年教师教学基本功比赛二等奖"，并多次被评为我校"优秀主讲教师"。

一、教书育人，站好三尺讲台

　　"师者，传道授业解惑也"。古人的这句话，在今天依然具有现实意义。作为一名优秀的人民教师不仅要教给学生知识，更重要的是要告诉他们做人的道理和人生的意义，同时在他们遇到困难和迷茫时能及时给予抚慰和帮助。想要做好这三点，要求教师不仅要有深厚的专业素养、精湛的教师技能，更重要的是要有一颗热爱教师事业、热爱学生的心。杨志伟老师报考师范大学，是她做出的第一个人生选择。选择教师职业，意味着选择了一种责任。这种责任是培养祖国接班人的重任，因此丝毫懈怠不得。她深知一个教师对学生的影响来自日常生活的潜移默化，光靠空洞的说教是远远不够的。

　　一个教师要想赢得学生的尊重和认可，首先要把课上好。杨老师为本科二年级学生开设"生物化学"和"生物化学实验"课程。这两门课程是生命科学学院的核心必修课程，也是考研必考的两门专业课之一，教学工作量大，学时多，

春风化雨　润物无声
——记杨志伟老师

学生对这两门课也十分关注。为了上好每一节课，杨老师花费了大量时间和精力钻研教材，阅读各类参考资料，在深入理解和把握学科核心知识的基础上，精心书写教案、制作PPT讲稿。作为"生物化学及分子生物学"教研室的负责人，她在2003年主持了核心必修课程"生物化学"和"生物化学实验"的课程建设和多媒体课件开发的工作。在当时教学人员青黄不接的情况下，独立完成"生物化学"课程共十三章、上千张PPT课件的设计和制作。2004年，"生物化学"被评为首都师范大学优秀课程。她还无私地将全部多媒体课件与同事分享，保证了"生物化学"教学的整体水平，促进了"生物化学"教师队伍的建设和提高。"生物化学"课程建设及配套教学资料的完善，以及教师的倾心投入，使得"生物化学"这门重要的核心课程多年来一直受到学生的肯定和欢迎，这都离不开杨老师的付出。

杨老师总是充分准备好每一节课，在课堂上她情绪饱满，思路清晰，语言简洁流畅，生动幽默，富于启发性。学生在她的课程评价上这样写道："老师，每次我看你走进教室总是精神百倍，这一节课我都感到十分愉悦……""老师讲课的知识量很大，扩展的知识面也很广，老师思维十分缜密，对知识的掌握程度达到了百分之百……""生化的内容繁多，课时紧张。在此情况下老师完全按照教学大纲的速度，稳而有序地进行。课堂上讲解的内容细致到位，课件全面丰富，可见准备极为充分。治学严谨，愿与同学讨论问题……"还有一位学生写道："杨老师的课使枯燥的'生物化学'变得生动起来，我开始爱上这门课程……"

在课堂上，杨老师不仅注重对学生进行知识的传递，她还把对学生世界观、人生观的指导巧妙地穿插在教学过程中，有时并不是一些刻意的设计，往往是一些即兴发挥，也会带给学生一些人生的启迪。比如在讲DNA二级结构时，杨老师说道："在微观世界，在人眼无法直接看到的地方，遗传物质DNA采取了这样一种近似完美的双螺旋结构，这种结构的合理性和稳定性使DNA能够完成传递遗传信息的重任，使生命代代延续。反过来，对我们每一个人来讲，只有充分构建自己的知识和能力，修炼自身，才能在社会找到你合适的位置，完成你应该完成的使命。"再比如，在讲维持蛋白质高级结构的范德华作用力时，杨老师说："只有当两个分子或基团处于范德华距离时，才会产生最大的范德华引力，相反距离太近，将产生范德华斥力。就好比男女青年谈恋爱，需要保持一定距离才能产生最大的美感，所以说距离产生美……"对于这样潜移默化的教学，学生往往不感到生硬，还会抱以心领神会的微笑。教师在这里的作用就是激发学生对科学哲理的思考，使思维在课程学习中得以延伸，并得到心灵的滋养和激励。杨老师的课堂教学得到学生的一致认可和欢迎，2004年，她获得"北京市青年教师教学基本功比赛二等奖"，在历年教学评估中一直处于学院前列，并多次被评为学校"优秀主讲教师"。

二、以爱激励学生，关怀学生

杨老师除注重课堂教学外，在课下也十分重视对学生的个别辅导。"生物化学"课程每章都有大量的作业，她总是细心批改，指出学生存在的不足。她每周还安排了答疑时间，耐心解答学生提出的各种问题，为此占用了不少时间和精力，对此她从不抱怨，她认为教师以辅导学生为天职，这是一个教师最为重要的工作。"生物化学"课程有一个经典作业是绘制四大物质代谢图。同学们会找来一米见方的白纸，将糖、脂、蛋白质、核酸代谢的主要途径绘制在上面，对于学生思维的严密性和对知识的系统把握是一个很好的培养和训练。有的学生在毕业多年之后，依然保留着这张四大物质代谢图，非常感谢杨老师当年的悉心指导。在课程阶段总结时，杨老师还经常准备一些小贺卡，写上一些鼓励的话语送给学生，鞭策学生不断努力和进取。

在担任学院教学副院长期间，杨老师经常会接触到一些问题学生。这些学生或者是因为课程不及格、学分不够而无法正常毕业，或是出现一些心理疾病。杨老师对于这些学生总是耐心接待，通过沟通发现学生存在的问题，并给予及时的指导和帮助。她曾经接待过一个患严重精神疾病的学生，这个学生天资聪颖，但不幸患有这种难以治愈的疾病，家长几次谈及都悲伤落泪。杨老师对这个学生和家庭充满深深的同情，在学院班子的支持下，与相关教师一起制定了个别学业指导方案，最终使这个学生顺利毕业。可见热爱学生、热爱教育事业不是停留在口头上，而要通过真诚的理解和实在的工作，才能获得别人的尊重。作为教师来讲，可能一辈子都要和学生打交道，但对每一个学生而言，大学只是他人生的一个阶段。教师应该在他们最需要帮助的时候，给予一个真诚关注的目光、一句温暖的话语、一个有力的支持，这样才能不辱教师使命。

三、以科研促进教学，培养学生的科学素养和科学精神

杨志伟老师不仅承担了繁重的教学任务，还先后主持国家自然科学基金和北京市教委科技发展面上项目，发表多篇SCI和核心期刊论文，并为研究生开

春风化雨 润物无声
——记杨志伟老师

设"原核生物分子生物学"和"生物化学与分子生物学"课程。在教学中,她重视将科技前沿进展及时引入课堂,使学生能够及时了解和跟踪科技发展的新思路、新技术和新动向。近几年,她主持了教学改革项目"生物化学探究式教学"和"生物化学实训课程的设计和探索",指导学生阅读生物化学和分子生物学领域经典研究文献,通过小组学习和论文研讨,开阔学生视野,提高学生文献阅读、演讲和团队合作能力,从中学习和体会科学家的严谨思维和探索精神,对学生知识、能力和素质的全方位培养起到扎实有效的促进作用。

总之,杨志伟老师在二十几年的教学实践中,忠诚于祖国的教育事业,在本职工作中尽职尽力,开拓进取,体现了一个新时代教师所具备的知识素养和精神风范。所谓春风化雨,润物细无声,杨老师以自己的行动履行了教师的神圣使命,受到学生的一致认可和爱戴。

(生命科学学院)

原来你是这样的"帅"
——记骆力明老师

骆力明简介

　　骆力明，1963年1月生。 现为首都师范大学信息工程学院教授，硕士生导师，北京市教学名师，我校国家级特色专业"软件工程"专业负责人。 北京市精品课程、北京市优秀教学团队和北京高等教育精品教材等项目成员，北京市信息化建设专家组成员。

　　长期从事软件系统构成、智能教育等方面的研究，近三年主持横向课题合同资金近300万元，承担国家、市级基金项目等科研项目6项。 除了科研工作外，常年为本科生讲授专业基础课，平均每学年授课近200学时。 荣获过首都师范大学"优秀教师""十佳教师""师德先进个人""优秀毕业论文指导教师""优秀实习指导教师""优秀教学管理人员"，先后7次获得"优秀主讲教师"称号，2次获得北京市高等教育教学成果二等奖，5次获得首都师范大学优秀教学成果奖，1次获得北京市科技进步三等奖。

原来你是这样的"帅"
——记骆力明老师

他挚爱教育事业，把培养学生放在首要地位；他献身三尺讲台，不断地探索更加有效的教学方法；他钟情软件事业，持续探索领先的开发技术。近三十年的教学生涯，他在学生和同事的心中树立了良好的形象，具有很高的威信。他是北京市教学名师，学生推选出的"首都师范大学十佳教师"和"信息工程学院最受学生欢迎的教师"，他是学生和同事们心中的"骆帅"。帅，不仅是指他有一张随着时光流逝帅得更有味道的面孔，更是指他有着一份历经岁月打磨，帅得更有魅力的人格。他就是骆力明教授，一名在教学科研一线勤恳耕耘、硕果累累的"大帅哥"。

骆老师"帅"在教学上。多年来他一直为本科生讲授专业基础课。他的教学严谨、有条理，同时做到深入浅出。他非常注重培养学生的编程思维，而不是单纯地讲解一门编程语言。在多年主讲编程语言的过程中，骆老师形成了自己独特的教学风格，曾有学生评价骆老师是JAVA讲得最好的老师。他主讲的"面向对象程序设计"课程于2007年获评为校级精品课程，于2009年获评为北京市级精品课程；该课课件获评为北京市优秀课件。他主讲的"程序设计综合实践"于2009年被评为校级优秀课程和校级精品课程。他主编的《面向对象程序设计综合实践》教材成为2007年北京市精品教材建设立项，并于2012年被评为北京市精品教材。他出版的《数据库开发实践案例》教材是北京市2009年精品教材建设立项重点项目。他不仅在自己的教学工作上取得了突出成绩，还带领本专业其他教师共同交出了令人满意的教学工作答卷。骆老师作为信工学院软件工程专业的创始人和专业负责人，2009年带领软件工程专业获批国家级特色专业，2009年、2012年两次获得北京市高等教育教学成果二等奖，5次获得首都师范大学优秀教学成果奖，1次获得校级优秀教学管理人员奖，并成为国家级教学团队成员。

骆老师"帅"在科研上。他在软件架构和开发上积累了多年的研究经验和丰富的研究成果。近几年来，骆老师主持的横向科研项目的合同金额近300万元。除了主持大型横向课题外，他还承担市级以上科研项目6项，发表学术论文20余篇。他带领的开放学习实验室，由4名导师和30余名在读研究生共同组成，团队坚持在语言智能方面进行探索，已获批多项国家级、省部级的科研项目，发表了SCI、SSCI等多篇高水平学术论文。

骆老师"帅"在育人上。他重视知识的讲授，更重视对学生问题解决能力和综合素质的培养。为了让学生能多接触实际问题，在实践中提高能力，他将航天部有关院所等有影响力单位的重大项目按横向课题引入学校,组成研究生、本科生项目团队,借助这些真实项目来培养学生的实践能力。与学生刚接触时,他会逐个了解学生的特长、兴趣和对未来的规划,结合其特点在教学中夯实编程基础知识、激发学生学习程序设计的兴趣,实现个性化地教学与指导,取得了显著的成效。近五年来,骆老师指导的学生获得国家级、市级、校级学生科研项目20余项;指导本科生参加市级以上学科竞赛30余人次,学生获奖20余项;指导学生发表论文10余篇;获得软件著作权10余项;获得市级以上学科竞赛组委会授予的优秀指导教师称号近20次。近五年他指导近30名本科生毕业设计和专业实习,其中20余人获得优秀成绩,有4名学生的毕业论文评为校级优秀论文。他3次获得校级"优秀毕业论文指导教师"称号,2次获得"优秀实习指导教师"称号。

在培养研究生时,他结合实验室的项目情况和学生的特点来安排学生的学习任务,注重学生的个人发展。除了组织全体研究生共同交流、学习的集体例会,他还经常和学生单独交流,了解学生的学习进展情况,及时给予有针对性的指导。不管自己有多忙,他都会关心学生们的动态。学生们的研究进展情况如何?学生们有什么想法?有没有遇到困难?这些问题是他最放在心上的。骆老师特别重视对研究生自学能力、探究能力和科研素养的培养。每次例会,他都会鼓励学生多讨论、多发言,而不是发表一家之言。对他的学生来说,每一次实验室例会都是一次头脑风暴。会上学生们要汇报近期自己看的论文,要汇报近期实验室项目的进展,汇报之后就是讨论。为了锤炼学生的思想,骆老师会从不同角度提出问题,让学生重新审视自己以为已经做得非常完美的汇报。不少同学在毕业后还经常提及骆老师当初的各种质疑,一针见血,直指问题核心,所以虽然当时的气氛有点紧张,但由此得到的提升却是非常明显的。骆老师除了培养学生的科研能力,还注重学生的工程素养。他一直强调"光说不练是没有实际意义的"。他的学生曾提及一次参与项目活动时的经历。骆老师的实验室以小学生智能语言学习研究为主要课题,在实施项目之前确定开发需求。对于工程类的项目来说,项目的需求是技术开发的前提和基础。有学生认为,确认需求文档是很简单的事,只要想出所有的功能,写出一份报告即可。骆老师敏锐地发现了学生思想上的误区,告诉学生:"需求是需要提炼并且再加工的。"后来,研究生们到小学实地调研时发现,软件的使用者有时并不知道自己到底需要什么功能,就是说他们对于需求的定位并不清楚,或者从来没有想过可以用什么样的技术功能来满足实际生活中的某种需要。因此软件设计者不仅要设计功能，甚至还要开发需求，把隐性的需求转换成为显性的功能。这个道理学生们花了好几个月才慢慢理解。在理解的同时他们也从心底里更加佩服骆老师的远见，让他们在学习期间少走了很多弯路。

骆老师还"帅"在品位上。他不仅培养学生的专业知识和科研素养，还特别关注同学们的心灵成长。他常说的一句话便是："无论做研究，还是做事情，最重要的是要专注，不拿出闭关修炼的劲头来是得不到提高的。"骆老师常引导学生要成为一个有品位有教养的高素质人才，与学生聊天时，他常会聊起什么样的音乐是优雅的，什么样的人是有追求的，什么样的艺术是值得品鉴的，等等。

他是一位勤恳的播种人，给学生播下严谨、专注的种子；他是一面真实的明镜，告诫学生认清自我、戒骄戒躁；他还是一盏明亮的指路灯，给学生指引更适合自己的成长方向。他不忘初心，至今依然献身于三尺讲台之上；他勤恳育人，不论有多忙都将学生放在首位。他是骆帅，信息工程学院的骆力明老师，一心扑在教书育人上的好老师！

（信息工程学院）

用心做事　踏实做人
——记乔爱玲老师

乔爱玲简介

乔爱玲，1978年2月生，副教授，博士，首都师范大学教育技术系教师，研究方向：信息技术教育，研究领域：信息技术教育、教师专业发展、在线学习活动设计。

主讲本科生课程"信息技术教育""教育技术专项""信息技术与课程整合""现代教育技术"等专业基础课、专业核心课和选修课程，以及研究生及教育硕士课程"教育技术概论""专业英语""现代教育技术"等。

积极参加学校教学改革研究、主持近10项学校级课程建设和课件建设；指导大学生完成学校和学院大学生科研立项项目12项；独立指导硕士研究生15人，全日制教育硕士15人，在职教育硕士25人。在"电化教育研究""中国电化教育""中国远程教育""现代教育技术"等期刊发表论文40余篇，主持省部级课题6项，获得首都师范大学"优秀主讲教师""德育先进个人""优秀班主任""优秀党员"和"优秀本科生和硕士生毕业论文指导教师"称号等。

用心做事　踏实做人
——记乔爱玲老师

"认真做事只是把事情做对，用心做事才能把事情做好。"这是李素丽同志的一句格言，也是首都师范大学教育技术系乔爱玲老师的真实写照。

乔爱玲老师多年来始终坚持在教学一线工作，真心陪伴教育技术系学生一起成长、真意做好教育技术系学生的教学管理工作、真情献给自己所教的每一堂专业课、真爱自己这份劳累而又甜蜜的教师工作。她在这个平凡的岗位上，做出了不平凡的成绩，发挥了一个共产党员应该发挥的作用。每当回顾这几年来的经历，乔爱玲老师总是谦逊地说"我是一名人民教师，这是我应该做的。"

一、爱岗敬业　扎实教学

从成为教师以来，乔爱玲老师真正实践了"干一行，爱一行"的信念，她总是用自己的业余时间努力学习，高标准地严格要求自己，形成了不骄不躁、扎实肯干的工作作风，不断增强工作的主动性和积极性，以高度的责任感、使命感和工作热情，积极负责地开展工作。

她热爱课堂教学，为了上好每一节课，她认真备课，力求以最好的状态投入教学中。她的课堂少有填鸭式的灌输，经常采取多种教学方式进行教学，通过小组协作学习、课堂展示的方式让学生成为学习的真正主人。她旁征博引、深入浅出，一个个启发性的问题扣人心弦，学生们经常被她精彩的教学所吸引。她的课堂同时也是热闹的，师生互动频繁，学生们畅所欲言，一个个闪光的思想在课堂迸发。她的课堂总是充满欢快愉悦的气氛，每位同学都精神饱满、全神贯注。

乔老师总是以最朴实、最尽责的态度对待每个学生，以丰富的学识引导学生，以博大的胸怀爱护学生，努力做学生的良师益友。乔老师经常利用课余时间深入到学生之中，和他们谈心，了解他们的想法或困惑。她会关注每个学生的个人发展，认真解答每个学生无论是日常学习中，还是在考研、出国、就业中遇到的各种问题，真正做到了对学生负责。她总是用最和蔼的语气鼓励学生、教育学生。她对学生的指导非常细致，定期和学生们一起交流思想、交流学术问题。每当学生有问题问她、找她指导时，不管多晚，她总是能及时回复、逐一解答。她耐心指导研究生做科研，指导研究生撰写学术论文，教他们写文章时要注意严谨性、规范性和解决问题的思路、方法。记得乔老师怀有身孕那个学期，她还是坚持给本科生上课，给研究生做指导，并未因此耽误过一节课、忽视过一个学生，见到她挺着大肚子忙里忙外，看到她眼睛里有熬夜的血丝，真的让大家很心疼。

二、深入学生　硕果累累

在教育教学中，乔爱玲老师因材施教，是学生的知心人，是大家的好朋友。在担任2008级班主任期间，她积极融入学生集体，开展班级各项活动。在军事训练期间，她努力了解每个学生的困难和思想动态，积极与学生交谈。两年来，乔老师坚持每学期与学生进行一对一深度访谈，不仅及时了解学生的想法，而且为学生排忧解难。她在响应学校号召，积极组织学生开展专题讲座的同时，更是尽自己所能，解答学生的各种问题。学生们都愿意把心里话讲给她听。她为学生营造了浓厚的学习氛围和温馨的生活空间，让她们倍感集体的温暖。另外，学生们的个性是千差万别的，在教学中，乔老师根据学生们的不同性格特点，为每位同学都提出了中肯的建议及专业学习意见，在学生中得到了一致好评。作为指导学生的一线教师，和学生融为一体，深入到同学中去，一切都为学生着想，这是学生眼中最好的老师，也是最负责的老师。

多年来，乔爱玲老师长期主讲本科生课程"信息技术教育""信息技术与课程整合""现代教育技术"等专业基础课、核心课和选修课程，以及研究生课程"教育技术概论""专业英语""现代教育技术"等。在教学上，多年来，她一直是超负荷运转，年平均授课达到300学时以上，是正常教学工作量的1.5倍，却能在每学期的学生评估成绩时取得90以上的高分。

乔爱玲老师的岗位是平凡的，但她的工作业绩却是不平凡的。她曾经连续几年指导本科生毕业论文；她主动积极参加教学改革研究、课程建设和课件建设，并获得了多项奖项；积极指导大学生参加科研活动，指导大学生完成学校和院系大学生科研立项项目。2008年获"首都师范大学军训优秀工作者"称号；2009年获"首都师范大学教育技术系先进工作者"称号；2010年，获得"首都师范大学教学基本功大赛三等奖"；2011年获得"首都师范大学优秀主讲教师""优秀共产党员""师德先进个人"；2012年获得"首都师范大学优秀硕士毕业论文指导教师""优秀本科毕业论文指导教师""实验室创新基金二等奖团队指导教师"称号；2013年获得"首都师范大学优秀班主任"称号；2014年获得"首都师范大学优秀主讲教师"称号；2015年获得"首都师范大学就业突出贡献者"称号；2016年获得"首都师范大学优秀管理者"称号。

乔老师不仅在教学上刻苦钻研，科研工作也硕果累累。多年来，她主持多项省部级课题，包括全国教育科学规划办"十一五"青年专项课题、教育部人文社会科学一般课题的青年项目、北京市教育科学"十一五"规划青年项目、北京市优秀人才项目、北京市教育科学"十二五"重点项目、北京市教委面上项目等。同时，发表论文 30 余篇，参与编著教材或专著共 5 部，编著《网络环境下交际型英语教学模式研究》《现代教育技术》等。

三、关心他人　践行"两学一做"

乔老师虚怀若谷、和蔼可亲的为人态度，也为学生们树立了一个很好的榜样。她是一名共产党员，在提高理论学习、践行我党优良作风的同时，乔老师还积极参加学校和系里组织的一系列党建和党理论学习观摩活动，给其他党员讲解"两学一做"的相关内容。党员的核心义务就是服务群众，她完全具备一名优秀共产党员应有的党性修养和素质，她的行为事迹无不在诠释着"为人民服务"的党的根本宗旨。

每次在校园里碰到乔老师，她总是满脸微笑地和学生们亲切地打招呼，所以学生们都非常愿意和她相处、沟通。学生遇到困难或者有烦恼的事首先会想到她，因为她总是从学生的角度分析、解决问题。人们常说要换位思考，乔老师真正做到了这一点，她是无私的，她总是首先考虑别人，从对方的角度思考问题，总是无微不至的关怀着、服务着每一位同学，她总是能及时帮助需要帮助的学生，学生从她那里学会了感恩，学会了包容。很多毕业生至今都和她保持联系，从工作到生活，遇到困惑时还会找她，让她帮着出主意。

霞霞同学是乔老师的一名学生，学习成绩非常优异，大四时获得保研资格，但她在面试环节没有发挥好，没能进入自己心仪的学校。她心情很低落，很沮丧。乔老师知道此事后，细心开导鼓励她，和她聊天，就像亲人朋友一样，和她谈心，给她信心，后来霞霞同学终于从悲伤的雾霾中走了出来，以全新的姿态面对学习和生活。乔老师就像关爱自己的孩子一样，关注着每一位学生，及时给予她们关怀和信心，像一盏明灯一样，照亮每位同学前行的道路。

乔老师不仅关爱同学，还关心着身边每一位同事，她总是为别人着想，总是把事情考虑得很全面很周到，服务于每一位同事。当得知同事遇到困难了，她总是第一时间尽全力为同事送去关心。在学生眼里，她是个亲切随和、平易近人的老师，在同行眼里，她是考虑周全的大姐姐和小妹妹。

2014 年习近平总书记曾号召广大教师争做"有理想信念、有道德情操、有扎实学识、有仁爱之心"的"四有好老师"。乔爱玲老师始终以"四有好老师"的标准要求自己,坚持走好教师职业化、专业化发展道路,为她所热爱的教师事业贡献着全部的力量,乔老师把自己的爱奉献给身边每一个人,奉献给教育技术系的每位师生。相信在以后的日子里,乔老师会让更多的人知道"教育技术系虽然是一个人数比较少的院系,但是我们团结、我们友爱,我们永远是相亲相爱的一家人"。

(教育技术系)

愿作春泥更护花
——记肖宝华老师

肖宝华简介

　　肖宝华，1965年1月生，首都师范大学副教授、硕士研究生导师，兼职律师、注册安全工程师。主要从事学校法制安全与儿童权利保障研究。先后在《思想教育研究》《人民教育》《教育探索》《教学与管理》《继续教育研究》等刊物上发表权威或核心期刊论文40余篇。主持了北京市"小学生校园伤害事故预防对策研究"项目。主编了《教育法学与小学校园安全概论》一书，参与了小学教师资格考试《综合素质》一书中教育法律法规部分的编写。

师德风采录

肖宝华老师在我校初等教育学院工作，被学生视为学院"三大男神"之一，有着众多的学生粉丝。他早年毕业于原北京通县师范学校，毕业后留校工作。通过10年的自学考试，他取得了法学和管理学双学位，并被评为"首届全国优秀自考生"，同时被北京市总工会授予"职工读书自学成才先进个人"。在参加自学考试期间，他还通过了国家律师资格考试，取得了执业律师资格。其后他又考取了法学专业硕士研究生。研究生毕业后一直在我校初等教育学院从事教学工作。

如今他已经在教育战线上辛勤工作了三十余年，他始终充满激情地从事着教育教学工作，以自己的行动和示范作用去影响和感染学生，并体验着教师工作的甘苦与幸福。"桃李不言，下自成蹊"，他坚守着教师的操守，培育着青年学子，纵使青春作春泥，桃李芬芳留人间。

在教学工作中，他注重发挥思想政治理论课教育主渠道的作用，认真备课，紧密结合社会发展的实际，注重对学生加强思想政治教育工作，以饱满的热情投入教学工作。在课堂教学中他讲课生动幽默，密切结合实际，有利于学生掌握知识和进行思想政治教育，表现了深厚的学识功底，深受学生的好评，在教学评估中得到了学生的一致肯定和高度评价。他治学严谨，对学生要求严格，在教学中注重对学生养成教育的培养和师范生技能水平的提升，起到了示范作用和表率作用。每次上课，他都很早地来到教室，与学生进行学习和生活的交流，解答学生提出的各种问题和困惑。有的学生因生病耽误了课程，他单独为学生补课，保证了学生的顺利学习和结业。由于他出色的教学工作，2005年和2007年两次被学生推荐为"首都师范大学优秀教师候选人"，2010年和2012年两次被评为"优秀主讲教师"。在做好本人教学工作的同时，他积极利用教改课题研究的机会带动本教研室同志整体进行教学改革，不仅促进本教研室整体教学水平的提高，也带动了本教研室的教学科研工作，提高了思想政治理论课的教学和思想教育的实效性。两项教学改革成果已经普遍应用在本教研室各科的思想政治理论教学之中，在实践中取得了很好的教育教学效果。与此同时，他还积极将十八大报告的内容引入思想政治课教学，注重思想政治教育的时效性。

在做好教学工作的同时，他还注重科研水平的提高，积极探索教学改革，承担了2008年校级校改课题"思想政治课作业模式改革探索"和2011年校级校改课题"利用人人网加强思想政治理论课教学实效性探索"，主持了北京教育委员会人文社科面上项目"小学校园伤害事故预防对策研究"。他深知作为一个大学老师，不仅要有较高的教学水平，还必须具备一定的科研能力。而科研是比教学更难的工作，不仅需要大量的文献阅读，还需要静心的投入，必须投入大量的时间和精力。由于他早年中专毕业，缺乏科研的训练和功底，他努力提高自己英语水平，大量阅读外文文献，拓展自己的研究视野。他充分利用寒假和暑假这一空闲时间进行论文撰写工作。撰写论文时，有时为一个用语的使用，有时为一个语序问题，要花费一天的时间才能确定，他对绞尽脑汁的感觉有了真切的体验。由于他全身心的投入，他的科研水平有了很大的提高，从2010年开始，他先后在《思想教育研究》《人民教育》《中小学管理》《教育探索》《教学与管理》《继续教育研究》等权威或核心期刊发表论文40余篇；主持的北京市教委人文项目"小学校园伤害事故预防对策研究"共发表了16篇核心期刊绩效论文，编著的《教育法学与小学校园安全概论》已由人民教育出版社出版发行，得到了良好的社会评价；参与了小学教师资格考试《综合素质》一书中教育法律法规部分的编写。他逐渐形成了自己的学校法治与安全的科研研究方向，全国许多地区的教育行政部门及培训机构慕名邀请他为当地进行学校法治与校园安全的讲座，扩大了他研究的社会价值和实用价值。在做好自身科研的同时，肖宝华老师还注意引导学生进行科研学习，在课堂教学中他注意为学生提出研究问题的方向，讲解科研的过程，论文写作的要求和注意事项，多年来一直指导和辅导学生进行科研立项，致力于提高学生的科研水平。他指导的2014级学生的"小学校园安全隐患调查研究"获得国家级大学生科研立项支持。

在做好教学工作的同时，肖宝华老师一直担任班主任工作。在班主任工作中，他注意以学习为立班之本，注重对学生进行树立人生远大追求的教育，以宿舍为单位建立班级学习小组，并及时谈话，引导学生养成良好的学习习惯和有效的学习方法。其中他任班主任的2008级中文一班在大学四年中，从未出现过学生考试不及格的现象，学习成绩在同年级名列前茅。同时在班级工作中，他注重班集体观念的养成，通过活动培养学生的集体观念，使班里的每一个学生都有很强的集体观念，在学院各种活动中表现突出，成为学院的一个标杆班级。在班级工作中另一个特色就是他注重班级的细微工作，创立了班干部每周例会制度和宿舍和谐制度建设的思路，在班级中形成了强有力的班干部队伍，开展了卓有特色的活动，几乎在每个学期每个宿舍都被评为过红旗标杆宿舍。同时他注重和学生的深度谈话，关心爱护学生，解决学生的心理和思想问题，促进了学生的整体进步，在班级中没有出现任何的掉队学生。当有同学生病时，尽管他的驾驶技术不是很好，但还是驱车往返近百公里将学生送回家治疗养病；当有学生晚上去医院看病时，他全程照顾学生到凌晨；当学生举办班级活动时，他总是个人出资为班级提供活动的物品。这样使学生感受到班主任总是在他们的身边，为形成强有力的班级向心力打下了坚实的基础。同时他还注重引导学生的政治追求，鼓励学生积极靠近党组织，他曾经所带的2008级中文一班到四年级时，班级45名学生中已有21名学生党员，班级学生党员比例超过46％。由于他出色的工作，该班年年被学校评为优秀班集体或优秀团支部，2012年被评为北京市"先锋杯"优秀班集体。

在做好自己本职工作的同时，肖宝华老师还做了大量的本职之外的工作，他积极参加学生工作部门组织的各项学生活动，负责学生工作部门党员发展联系人工作，并利用业余时间与学生谈话，鼓励学生，回答学生提出的各种问题，促进全体学生的思想水平和人生追求境界的提高。曾经有一名2006级英语班的学生，由于父亲早逝，母亲深陷法轮功，该学生有着沉重的心理压力，肖宝华老师得知后，主动与她交流，定期与该学生谈话，了解她的心理动态，一直到该学生毕业。他还注意发挥新媒体平台的交流作用，积极利用"人人网"实名交流的特点，利用网络与学生开展思想交流工作，解答学生提出的各种问题，促进了师生交流，使师生关系更加和谐，深受学生的爱戴和喜欢。

由于肖宝华老师还是一名兼职律师，他努力将自己所学的知识服务于学校、服务于学生，无偿地为学校和学生家庭代理诉讼案件，耐心为学生和学生家庭解答法律咨询问题，不管是白天还是晚上，总是热心为同学提供法律服务。有一名学生因在学院受到了伤害而出现精神问题而为此起诉学校。在近两年的诉讼中，他无偿代理案件，自己承担了所有的交通费和诉讼中的文本复印费用，同时还要承受当事人的辱骂，忍辱负重为学校进行案件代理。

在三十多年的教育教学工作中，肖宝华老师履行着一个高校教师教学、科研、社会服务的职责，在各方面都竭尽全力做好自己的本职工作。以自己的言行潜移默化地影响和教育学生，真正把自己的工作当成了一份事业去呵护和经营，体验着教师职业的幸福。他愿以自己的小小春泥之力，孕育祖国之英才！

（初等教育学院）

理解学生　尊重学生　热爱学生
——记马振旗老师

马振旗简介

马振旗,1965年2月生,英语实用语言学硕士,教育学博士,首都师范大学大学英语教研部教师,主讲"大学英语""研究生学术英语"后续课程"高级视听说"等。长期担任大学英语快班教学,2015年四级通过率100%,全班平均成绩552分,超过425分及格线127分。马老师在教授英语后续课程"高级视听说"过程中,总结出一套视听说教学的新模式,深受学生好评,历年教学评估平均分都在98分以上。马振旗重视教学的同时,也重视科研创新,发表论文14篇,并参与北京市TEP口语测试项目。马振旗教学、科研成绩突出,曾获得"北京市优秀青年骨干教师"称号,多次被评为"校级先进教师",2011年获得全国"外教社杯"教师教学大赛三等奖,同年获得校级"师德先进个人"和"优秀主讲教师"两个奖项,2015年度再次被评为"优秀主讲教师"和"最受学生欢迎的优秀教师"。

师德风采录

百年大计，教育为本；教育大计，教师为本；教师大计，师德为本。师德是教师具备的最基本的道德素养。爱岗敬业，教书育人，为人师表，诲人不倦，勤勉耕耘，是马振旗老师在二十多年教学生涯中孜孜以求的信念和实践。以下谈谈马振旗老师的成长经历和在教育教学、科研和师德等方面的事迹。

马振旗老师1984年考入首都师范大学英语系，四年的专业学习成绩优异，于1988年毕业留校任教，2000年以全国高校教师雅思第一名的优异成绩，获得澳大利亚政府奖学金，留学澳大利亚，攻读英语实用语言学，获得硕士学位，并于2014年获得圣卡洛斯大学教育学博士学位。

今年，马老师在首都师范大学大学英语教学岗位上已经勤勤恳恳耕耘了28个年头，多次获得"校级先进教师"的光荣称号。马老师认为，教育是培养人的事业，如何教学生做一个真正的人，这既是教育的出发点，也是教育的过程，还是教育的归宿，离开了培养人这一点，教育也就不复存在。这句话包含着这样一个道理：教育必须"以人为本，方能兴教育人"。也就是说，教育必须在"尊重、理解、关心和信任"的基础上进行，才能真正实现教育的目的，即"发现人的价值""发挥人的潜能""发展人的个性"，使学生成为"和谐的人""完整的人""全面发展的人"。例如，个别学生上课迟到，马振旗老师从来不用指责的口吻和语言，而是示意该学生先听课，在课间仔细询问他迟到的原因，这样使学生感到教师并没有不分青红皂白地指责学生，而是关心、尊重学生。

马振旗老师由于专业能力强，近年来在大学英语教研部担任本科生快班的教学任务。每年第二学期是大二考四级的关键学期，从2015年寒假开始，马老师就认真地为学生制订了第二学期的周复习计划和月复习计划，既有指导性考试技能，同时又配有大量的语言实践，在短短的3个月时间，同学们完成了13套CET4真题的练习，每一份练习试卷，马老师都亲自批改。教授作文的老师都知道，英语作文批改是非常费时费力的，但马老师认真批改每一词、每一句，错误的改正，优秀的鼓励。有几名一开始不认真写作文的同学，拿到自己被批改的作文，深受震撼，因为马老师给出的评语，竟然是原作文字数的两倍多，从文章中心、布局到遣词造句，都给予非常认真的指导与中肯的建议。这使得几位同学深受感动，从此对写作格外认真，成绩也随之提高了。马老师通过学生练习反映出来的问题，为两个班的108位学生建立了个人档案，进行个性化指导，分别与每一位同学交流学习经验，指导学生从理论与实践两方面提高自己的英语水平。所有同学的反馈表明，马老师重视课堂教学的同时，关注

理解学生　尊重学生　热爱学生
——记马振旗老师

每个同学，能够准确地把握每个同学英语学习的优劣，强调同学自主学习的潜能，真正做到了因材施教，并取得了优异的成绩。同学们在 2016 年 6 月 18 日的全国大学英语四级考试中全部顺利通过，通过率 100%，两个班 108 位同学的平均成绩为 552.66 分，高出 425 分及格线 127 分，创下首都师范大学 CET4 考试的高分纪录。另外，他所教授的"研究生学术英语"历年都受到研究生的一致好评。由于研究生可以自由选择授课教师，马老师所教班的名额总是爆满，最近两年马老师在北一区授课，有不少研究生舍近求远，慕名从首都师范大学本部和东校区到北一校区选马老师的课。

马老师不但在课堂上激发学生学习的热情，在课外、生活之中，依然关心学生的发展。马老师班里曾有一位大二学生要利用假期出国实习，她对到美国使馆签证非常担心，马老师为她仔细讲解签证流程，并请自己家人中的一位留学专家特意为学生进行了面试模拟辅导，使这位同学顺利通过了使馆的面签。

即使是对已经毕业离校的学生，马老师也一如既往地提供帮助。资源环境与旅游学院马老师的一位学生，毕业后于 2015 年留学加拿大，由于家中有特殊情况临时回国，错过了加拿大学校一门课程的期末考试，向马老师求助。马老师通过电子邮件与加拿大校方的导师沟通，导师通过首都师范大学教务系统的邮箱传来这门课程的期末试卷。该名学生在马老师的监考下，在国内完成了该门课程 3 小时的闭卷考试，之后，马老师及时将试卷通过国际快递，寄回到加拿大学校，使这名同学顺利通过了该门考试。

另外，马老师在国外留学期间，积累了大量的学术资料，现在马老师每年都会利用寒暑假到国外旅游度假的机会，收集当地的人文、地理、历史资料，并把这些材料分享给学生，作为让学生了解世界的必要补充。马老师已经为多位到英国、美国、加拿大、澳大利亚、法国、俄罗斯、波兰、意大利留学的学生提供了丰富的资料，并用自己在这些国家的亲身经历指导学生如何融入当地文化，少走弯路，顺利完成学业。

教师的人格力量是一种无穷的榜样力量。马振旗老师无论在学术上、课堂授课、课下辅导时，都严格要求自己，从学术的严谨性和为人正直方面，为学生做出表率。马振旗老师在有课的时候，早晨不到 7 点就到办公室，使早读的同学有问题随时可以到办公室请教他，这样的言传身教，使同学的课堂出勤率达到 100%。马老师严于律己、为人师表，得到学生的广泛认可和拥戴，每年学生对马振旗老师的教学评估均在 98 分以上，2015 年度的教学评估更是达到了 99.68 分的全院系最高分。

　　离开了理解和尊重就谈不上教育，因为每一位学生都渴望得到他人的理解和尊重，尤其是教师的理解和尊重。李叔同先生的为师之道就是把学生当作平等的人，堪与尊敬的人。教师的爱心能使学生更健康地成长。爱学生就要公平地对待学生，爱学生就要尊重学生的人格和创造精神。将学生放在平等的地位，信任他们，尊重他们，视学生为自己的朋友和共同探求的伙伴，在传授知识的同时教会他们如何做人。马老师常说：古人说天地君师亲，可见教师是倍受尊崇的，之所以如此，就是因为教师有极好的人品，所以教师有"教给学生怎样做人"的重大责任。马老师的人格魅力无时不在影响着他的学生，所谓"身教重于言教"亦是如此。师德不但可以感染学生，也能为教师树立起自己的教学形象，进一步增强课堂教学效果。马老师认为，教师首先要严于律己、公平、公正、言行一致、坚持原则、有错就改、心胸豁达、庄重热情，同时还要有一颗爱心。他是这么说的，也是这样践行着自己的言行。马振旗老师的经典语录是："珍惜今天大学四年的美好时光，它是回不去的青春。"他对学生的殷切希望是："学好英语，未来成为具有国际视野的栋梁之材。"在每年一度的毕业生调查中，有一项是"大学四年对你人生影响最大的老师"，有不少毕业生选择马振旗老师，这对于只教授一、二年级公共课的马老师来说，是对他理解学生、尊重学生、热爱学生的教书育人工作的最大的肯定。

　　总之，马振旗老师以学生为主体的服务意识，创造出了尊重、信任、宽容、友爱的新型的师生关系。他是一位优秀的人民教师，为人师表、以身作则、循循善诱、诲人不倦、躬行实践。马老师多次被评为"优秀主讲教师""师德先进个人"和"最受学生欢迎的优秀教师"，但马老师谦虚地表示自己和这些荣誉仍有很大的差距，仍要不断进取，不断攀登，与时俱进，迎接下一个新的挑战。

　　最后，我们以一句话概括马振旗老师的特质："用积极乐观的人生态度和人格魅力，引领学生积极健康的成长。"

（大学英语教研部）

健康的传道者　亮丽的风景线
——记胡彦老师

胡彦简介

胡彦，1974年7月生，1996年7月毕业于北京体育大学健美操专业，2011年获得首都体育学院体育硕士学位，现为首都师范大学体研部讲师，兼任体研部工会主席。国家级健美操裁判员，国家级健美操指导员培训导师，全国社会体育指导员职业技能鉴定考评员，社会体育指导员指导师。北京市健美操体育舞蹈协会副秘书长，中国大学生体协两操分会项目副主任，北京市大学生体协高尔夫分会竞赛部部长。在学校教授健美操、普拉提、瑜伽等课程，曾荣获"最受学生欢迎的十佳教师"和"优秀主讲教师"称号，教师基本功大赛二等奖。先后发表了论文十余篇，参与了全国体育院校艺术类通用教材《健美操》等三部教材的编写。曾任CCTV—5《健身房·青春时光》健美操主讲教练，出版发行了《胡彦H1—LO高低冲击力健身操》等十余部音像教材。

师德风采录

胡彦，女，1974年7月出生，1996年7月毕业于北京体育大学健美操专业，2011年获得首都体育学院体育硕士学位，现为首都师范大学体研部讲师，兼任体研部工会主席。国家级健美操裁判员，全国全民健身操舞国家级裁判员，国家级健美操指导员培训导师，全国社会体育指导员职业技能鉴定考评员，社会体育指导员指导师。北京市健美操体育舞蹈协会副秘书长，全国全民健身操舞推广委员会北京分会负责人，中国大学生体协两操分会项目副主任，北京市大学生体协高尔夫分会竞赛部部长。多次在全国及北京市各级健美操、街舞比赛中担任裁判工作，多次荣获优秀裁判员称号。在学校教授健美操、普拉提、瑜伽、排舞、拉丁健美操、街舞、耐克女子疾速训练营等课程，曾荣获"最受学生欢迎的十佳教师"和"优秀主讲教师"称号，教师基本功大赛二等奖。

胡彦老师忠诚党的教育事业，爱岗敬业，注重师德修养。从事健美操教学20年来，她将人体语言艺术与体育美学融为一体，不断提升学生审美意识和艺术修养。她以严谨、求实和创新的态度对待教学，既教书，又育人。她以培养学生创新精神和实践能力为重点，深化课堂教学改革，推进素质教育。她在课上总是能把国内外最前沿的健身知识和方法过滤后，将其精华介绍给学生，这也使她所教授的健美操课成为深受学生欢迎的体育教学课，在学校教学质量评估中成绩优异。她曾先后为本科生和研究生开设了"健美操""拉丁健美操""有氧搏击操""街舞""瑜伽""普拉提""耐克女子疾速训练营"等课程，为学生，特别是以女生居多的首都师范大学提供了丰富的健身思维和健身手段，这些学生大多成为院系文体骨干，使校园文化更加灿烂。

胡彦老师在担任校田径队教练员的四年中，带领短跑、跨栏队运动员在北京市高校运动会中获得冠军11个、亚军11个、季军4个，有22人次打破校田径运动会纪录，3人获"国家一级运动员"称号；她带领的健美操俱乐部学生，在"全国健美操北京分区赛"比赛中两次获得一等奖，并代表北京市在全国健美操总决赛中获一等奖。所有这些在为学校争得荣誉的同时，也培养了学生良好的体育精神。

为更好地提升教学效果，她以科研促教学，先后发表了《从舞蹈啦啦操的编排看其对时尚元素的吸纳及运用》《浅谈高校高水平竞技健美操运动员表现力的训练》《论体育舞蹈对大学生素质教育的影响与作用》《对普通高校开设瑜伽课程的探讨》《高尔夫课程对普通高校大学生品质影响的思考》等十余篇文章，多次获得全国高师论文报告会和北京市高校科研论文报告会二、三等奖；参与了

健康的传道者 亮丽的风景线
——记胡彦老师

全国体育院校艺术类通用教材《健美操》《大学体育》和《大学高尔夫教程》三部教材的编写工作。出版发行了《胡彦 H1—LO 高低冲击力健身操》(1、2)、《胡彦 H1—LO 减肥健美操》(1、2)、CCTV—5 央视青春时光栏目《健美操 1-4》《拉丁健身操(上、下)》《健身操初级课程 基础篇(上、下)》《健身操初级课程 提高篇(上、下)》、《Tae-Bo 跆搏健身操(上、下)》等十余部音像教材。

  胡彦老师在健美操专业领域具有很高的业务水平,曾任 CCTV—5《健身房·青春时光》健美操主讲教练,多次在中央、北京市和其他地方电视台健身栏目做电视教练,把科学的锻炼方法教给普通老百姓,为全民健身服务;她曾多次受国家体育总局派遣去内蒙古、山东、东北等地参加健美操指导员职业技能鉴定工作,为专业健美操教练的考核把关;她曾多次组织全国高校教师、北京市大中小学教师和北京市民等开展培训并担任培训导师,把专业的健身知识和编排科学的套路动作教给各个级别的老师和教练员们,不断提高健美操相关专业师资队伍的业务水平;她曾多次担任全国、北京市及行业体协主办的健身操(舞)、啦啦操、街舞、中国风健身舞、排舞等比赛的裁判工作,以公平、公正、严谨的态度出色完成工作,多次荣获"优秀裁判员"称号。所有这些使她在社会上拥有较好的声誉和较大的影响力。

  胡彦老师热爱学生,注重对他们的全面引领。她经常主动与学生交谈,了解其困惑与需求,用自身的表率作用影响学生树立正确的人生观、价值观,争做对社会有用的人。她还亲自编排健美操和舞蹈表演套路,带领学生参加国际健身大会的表演与器械展示等活动。社会实践开阔了学生眼界,为学生创造了接触、了解社会的机会。她的示范和榜样作用使她形成自身较强的人格魅力,学生以她为荣,信息工程学院某学生的毕业实习选择健美操作为她的实习专业;资源环境与旅游学院某学生考取了首都体育学院体育教学专业研究生;还有的学生利用业余时间做兼职健身教练等。胡彦老师为能通过自己所教授的课程给学生提供展示自我的机会,为能通过自身对专业的热爱与执着影响学生爱上健身专业,感到无比欣慰。学生们也与胡彦老师结下了深厚的友情,每当节日来临都会给胡老师发来祝福,每年教师节还会与胡老师相聚,汇报自己的工作、学习和生活情况。

  胡彦老师还兼任着体研部的工会主席,在完成体研部工作的基础上,还协助校工会为全校教职工的健康服务。北京市第九届职工运动会健身球比赛、教职工第九套广播体操练习、24 式太极拳推广、校运动会教职工健美操表演等,胡彦老师都认真编排动作、积极为各院系培训小教员，并深入到各院系进行辅导……在学校田径运动会开幕式表演的舞台上，胡彦老师用她优美的动作带领全校教职工为运动会留下了美丽的篇章。

　　胡彦老师的孩子还小，爱人在公安系统工作，经常加班，无暇顾家，家里大小事都由她一人承担。尽管很难，但她仍努力学习，认真工作，出色完成学校和部里交办的各项工作。2009年6月，胡彦老师接到国庆60周年群众游行方阵训练任务后，二话没说就投入到各项工作中。为确保完成任务，她四处寻找婴幼儿培训机构，将1岁半的儿子"寄养"了出去。四个月的起早贪黑潜心编排表演动作，精心研究训练方法，全身心的组织方队训练……正是对孩子的狠心、对学生的爱心和对工作的决心，为方阵学生树立了榜样，并成就了国庆60周年当天27方阵的美丽绽放！

　　这就是深受学生喜爱的胡彦老师，一个永远面带笑容，极具亲和力，活泼热情的老师。她就是这样用自己的人格魅力影响着学生，用高超的专业技能教授着学生，用自身的社会影响力服务着学生……默默地做着健康的传道者，在学校形成了一道亮丽的风景线！

（体育教研部）

仰之弥高　钻之弥坚
——记程桂勤老师

程桂勤简介

程桂勤，1970年9月生，首都师范大学附属中学教师。本着"用心灵赢得心灵是教育的最高境界"的精神，程桂勤已在教育这片净土上耕耘了23年，担任班主任17年，获"北京市师德先进个人""北京市紫禁杯班主任特等奖和一等奖""首都师范大学师德标兵""首届成达杯优秀教师奖""海淀区学生喜爱的班主任"和"班主任带头人"等称号。程老师指导学生召开了如"社会主义核心价值观""管理好自己的人生"等特色主题班会，所带的班级多次获得优秀班集体称号，并在各种活动中脱颖而出。她担任海淀区兼职教研员（阅读组组长）、备课组长，为优质的试题、高效的课堂贡献自己的一分力量，用自己的耐心指导和无私帮助促成新进教师的快速成长。程老师没有惊天动地的壮举，只用平凡而崇高的师德之光，照亮一片清纯的天地。

1994年她毕业了。那是一个经济飞速发展的年代，那是一个对人的价值观、人生观产生冲击的年代，那是一个对从教者的价值取向和道德观念有着极大影响的年代。教师绝不是大家的首选职业，但是因为对北京的向往，她毫不犹豫地来到了北京，成为首都师范大学附属中学的一名英语老师。这中间她也彷徨过、犹豫过、抱怨过，但时代造就的职业习惯和家教（她父亲是一位从教40多年的中学语文老师）使她坚守了下来。抚今追昔，她这20多年的路走得是坎坷、弯曲，但更多的是因为有心爱的学生相伴而带来的欢乐感、幸福感、满足感和成就感。

一、1994—2004年——班主任工作的起步、发展期

这一时期，她认为自己就是一个"看摊""维稳"的卫士。

1995年7月5日，第一次成为班主任的她踏进教室见到了心心念念的第一拨学生，她充满了兴奋、激动、向往和不安。她终于有了自己的"子弟兵"，她终于能在孩子们心中排名第一，她终于有了一亩三分地来施展她多年厚积的才华。她满腔热情、早出晚归，投入了100%的精力；她聊天谈心，答疑解惑，组织各种班级活动。尽管辛苦，但她每天特别开心，沉浸在班主任工作中，自得其乐。同时也暗自得意：原来班主任工作不过如此，只要她做到了爱岗、敬业，她就是一位合格的班主任。

可是很快她发现她不过是在"应付"各种各样的事务：确保学生按时到校、穿校服、交作业、看自习、参加学生的各种活动……她当时绷着一根弦：只要她管好学生，班里不乱，能够正常运转，她就万事大吉了。然而事与愿违，班里频频发生各种棘手的事情。她总是心情烦躁，不知所措，绞尽脑汁想让自己说话有力度，能够对学生有影响力，在学生中有威信，有时甚至盼着他们赶紧毕业。3年一晃而过，她的第一拨学生终于毕业了，她虽然舍不得他们，但她居然没有留下与他们相关的任何东西，甚至没有告别就结束了。在接下来的6年里，她又当了3年班主任，尽管在各方面有一些进步，但是依然"维稳""看摊"大于一切。

二、2004—2010年——班主任工作的成熟期

她对自己的定位是学生良好习惯的塑造者、勇攀高峰的追求者。

2004年她荣幸地出任首师大附中第二届6年一贯制创新班的班主任。这个班级的学生聪明、好动、外向、开朗、幽默、反应快，带给她新鲜的感觉和活

仰之弥高 钻之弥坚
——记程桂勤老师

力,她享受着他们创造性的发言和特有的幽默。但是她也发现他们有些习惯很糟糕,教室就是他们的游乐场:吃方便面、玩电脑、大声喧哗、拍球、看小说、玩手机……当她委婉地表达不满的时候,他们不以为然。初期的几次大型活动,她也刻意不发表意见。如此的坏习惯所带来的结果是,课堂的表面繁荣、课任老师的不良评价、测试成绩的不理想……即使这样,她也没有对他们大发脾气,没有苦口婆心和他们磨嘴上功夫,而是静观其变,因为她懂得正是这些棘手的问题给她提供了很好的教育契机。

一天班长盘超[①]主动找到她,告诉她他对这些问题的看法、担忧和想采取的措施。机会来了,她像一个溺水的人抓到一根救命稻草一样。她指导班长主持了班委会和班会。大家先就班级各种坏习惯的具体表现达成共识,再充分辩论、争执、讨论,集思广益,最终同学们自主制定了行之有效的班规[②]。这个班规是他们自己制定的,尽管有点儿约束,但他们乐意执行。很快教室干净整洁了,课堂有序了,午间休息、自习课时教室安静了,效率提高了,学生觉得作业也不那么多了,甚至有时间触及自己的业余爱好。多年后那些学生还对当年的事记忆犹新。后来针对学生在对待学习生活方面不拘小节,她又指导他们开了《投入99.9%的后果》的班会。让学生体会千分之一的误差会造成什么后果,使学生认识成功与失败有时就差一点点,并深刻体会"细节定输赢"的道理。

有了好习惯的保驾护航,学生们在各个方面书写着自己的优秀:运动会、入场式、"振兴杯"、12.9活动、"红五月"、环湖越野等各种活动中他们屡屡夺冠;各种竞赛中他们摘金夺银;各种考试中他们脱颖而出。他们由内而外地散发出的自信心和全校对他们的赞美声使程老师陶醉了,沉浸在学生带给她的各种各样的成绩荣誉中,满心欢喜而又有点宠着学生。看到学生心态如此阳光、体魄如此健全、成绩如此优异,她问自己:这不正是你要追求的吗?

时光已经流转12年了,这一批学生的令人难忘的毕业典礼和程老师对他们的毕业寄语"得天下英才而教之是一位老师的福分"仍然让学生们记忆犹新。

三、2010—2017年——班主任工作的升华期

她自己的奋斗目标:作对学生终身负责的奠基人和规划师。

---

① 此学生的成长经历见她的论文《从首都师大附中到哈佛》。
② 此班规的具体制定过程见她的论文《(8)班教室管理条例诞生记——引导学生自主管理案例》。

2010年、2013年、2014年她出任学校第7届、第8届（高三接的班）、第11届的创新班班主任。在继续享受着他们的优秀和荣誉的同时，她也问自己：学生在方方面面都是同龄人中的佼佼者，但他们在今后的人生中会让"优秀成为一种习惯"吗？我20年教书生涯的亮点是什么？不足又是什么？怎么办？经过反思，她痛苦地发现：她对学生的指导仅限于高中阶段，对他们长远人生的指导不够。在阅读了一些和人生规划有关的书籍并和同事、学生、家长交流后，她对班主任工作又有了新的期待。

新班级初始，她首先和学生分享高中三年、本学年、本学期的计划。以后的每学期初同学们自己制订出学期计划，期末再进行核对和反思。经过一系列常规的班会如《(8)班成立了》《除了上课她们在干啥》《感恩节》等，(8)班步入正轨。这时正是召开《管理好自己的人生》的班会的好时机。首先通过问卷调查让学生意识到他们正过着无规划的人生，然后通过一些具体的计划（如配合学校"100天计划"的活动）让学生明白大的规划是由很多小的规划组成的，他们只有目标明确，才有可能最大限度发挥他们的潜能。学生毕业时她的赠言是"记住你们的人生规划。请珍惜未来10年——那是你们知识和各种人生阅历集聚的黄金年代。"学生回赠她"生活中像妈妈，学习中像老师，情感上像朋友。"程老师还与学生们建了微信群，可以继续关注学生们的发展。在遇到人生重大选择时，学生也会征求她的意见，让她和他们成为终生的良师益友。

程桂勤老师20多年的黄金时间是和学生共同度过的，学生们寄托着程老师的青春、激情和永不衰竭的爱心，是他们让程老师的眼界变宽了，更有爱心、包容心、童心、敬业心。

为人师表是程老师的理想，如果在教师的岗位上能帮助那些有志有为的青年学子实现他们的人生理想，她觉得她的工作便有了真正的意义与价值。

(首师大附属中学)

润物无声
——记刘晓军老师

刘晓军简介

刘晓军，1967年8月生，1990年7月于首都师范大学化学系毕业进入首都师范大学附属中学工作。至今已20多年，担任过学校化学生物教研组支部书记，并曾任年级主任5年。在她做班主任的17年中，只有1995届、1998届是从高一连续带到高三，其余都是中途接任班主任或年级主任。教学方面，她带过7届初三毕业班，9届高三毕业班。科研方面，她参与并在2015年作为主要负责人与同组老师承办北京市级科研课题。此外，她曾获得"海淀区师德先进个人""四有"教师，"首师大优秀党员""成达杯优秀教师""感动校园十佳教师"等荣誉。

师德风采录

2017年是刘晓军老师从事教师工作的第27年，也是她在首师大附中工作的第27年。总结这27年的工作，她没有什么特别显著的成就，但是她一直以来都是对工作兢兢业业，任劳任怨，不计名利，以大局为重；对学生满腔热情，认真负责。无论学校安排她什么工作，她都力求在平凡的工作中精益求精，尽自己最大的可能做学生的良师益友。

二十多年的工作实践使她认识到，育人之道德在先。作为班主任，良好的师德是处理好师生关系的基础，良好的师德最根本的一点是爱学生。在她27年的工作中，担任班主任年限为17年。其中只有1995届、1998届是她从高一一直带到高三的，其余都是从中途接任班主任或年级组长工作的。她正是凭借着对学生无私的爱赢得了每一届学生对她的信任与爱戴。

在半途接任班主任时，如何能让学生接受她，毫无怨言地服从她的管理等很多难题摆在她的面前。工作中她相信只要有对孩子的真诚爱心，就能精诚所至，金石为开。她的班主任工作的法宝就是花费大量时间与学生谈心。在每次接任新班主任工作之前的假期里，她都会给每位学生打电话进行沟通，与班干部更是促膝长谈。在学生犯错误、遇到困难、取得成绩……之后她都会与学生谈话，在沟通中得到学生的认同，在沟通中赢得学生的信任，沟通使学生对她的管理与教育心服口服。给她留下深刻印象的是2005年7月接任高二(5)班班主任之初发生的事情。因为当时学生们不能接受学校更换某些任课老师的决定，就在暑假里给校领导写信，情绪激烈。校领导让刘老师出面做学生工作平息事端。那时她跟学生们还不认识，如何说服学生令她非常为难，她用了一星期的时间，与学生干部，包括学生家长反复沟通，终于使学生了解并接受了学校在高三前更换老师是非常慎重而且是本着对他们负责任的态度而决定的，他们的过激行为对新接任工作的老师是一种伤害，应该努力适应并配合好新任老师的工作。通过细致的思想工作，学生们情绪平稳了，在高三与各任课老师配合的都很好，在当年的高考中大多数学生都考上了自己满意的学校。

无论是作为班主任还是年级主任，刘老师都本着尊重每一位学生的原则，对学生讲道理，无论是初高中学生，无论学习成绩好坏，她都是一视同仁地对待。正是这种心与心的交融与对学生的尊重，赢得了学生对她的爱戴。即使在她不担任班主任的有限年份里，她也会利用一切机会与学生沟通，做学生的知心朋友。刘老师多次接任高三年级教学的时间都不到一年，但是由于她的这种爱心与对学生的尊重，使她得到学生的认可，学生毕业后会经常回学校来看

润物无声
——记首师大附中刘晓军老师

她，跟她聊聊自己在生活和学习中取得的进步或困惑，有了家庭矛盾也请她来调节，有时自己结交了男（女）朋友也会第一时间带到她的面前。甚至有一个毕业一年的学生的家长兴奋地给她打电话说："这段时间孩子总是不愿意理发，我说，今天刘老师见到我时说觉得你的头发太长了，需要剪了，孩子立马就去理发了，没想到毕业了刘老师的威力还这么大……"回忆很多毕业生的情况的时候她都是满脸幸福，这也许就是她无怨付出的原因吧。

有人说敬业和奉献是一对孪生姐妹，奉献就是付出，刘老师对此深有同感。在二十多年的教学工作中，她带过7次初三毕业班、9次高三毕业班。毕业班的工作是繁重而又紧张的，成绩的好坏直接影响到学校的声誉。每天早晨踏进校门就感觉像是一个上足了发条的闹钟，总有忙不完的事。但即使是她担任三个班的教学任务及年级组长、班主任这么繁重的教育教学任务的情况下，她也能做到学生的作业都是全批全改，当天下午的考卷当天就要判完，第二天就进行试卷讲评。在每次重大考试后，她都会在学生的卷子上简单留言，指出问题和努力方向。她每天忙完工作已是晚上11点多，而第二天早晨7点不到又会准时地踏进学校的大门。她的努力使得她所带的毕业班的成绩都很好。

在教学上刘老师也虚心好学，肯钻研，努力使自己跟上时代的要求。在紧张工作之余，她认真参加区里组织的教研活动及科研活动。近年来她不但参加了国家级科研课题的研究活动，还在2015年作为主要负责人，与化学组中的青年教师一起申请了北京市科研课题。她在海淀区及本校所开设的一些公开课或常态课受到全组及专家的好评。2015年刘老师还带领本组的年轻人编写了课本实验教材。她希望能以科研带动教学，使自己的教学效果更好。

在工作中，她经常能够克服自身的困难，顾全大局，承担学校重任。比如：1990—2000年度，学校安排她教一个初三班的课并兼任初三备课组长，同时教两个高二班的课并中途接任高二一个班的班主任。工作头绪多，任务重，她却能克服困难，当年初三化学中考成绩是海淀区第一。2007年在教研组其他老师都不愿意承担初三创新实验班的化学课的情况下，学校领导找到刘老师，要求她来承担这个任务。虽然她自己的孩子也要中考了，但她还是同意承担这项任务。到了这学年的第二学期，学校又委派她担任起初三的年级组长，在学校领导的帮助下，学生们在中考中取得了良好成绩。学校因而在2009年、2010年两年又让她连续接任了两届初三年级主任的工作。2010年初三工作中因为突发事件的原因，她除了担任年级主任，每周上15节课，又承担起实验班的班主任工作。由于她能够在工作上身先士卒，又能与老师们建立和谐的工作关系，所以每届初三的年级主任的工作开展得都非常顺利。2013年9月她拖着刚动完手术不到两个月的身体接任了高二(7)班班主任工作。2015年7月学校要求年近50岁的她接任高一的年级主任工作，虽然她自己有比较大的困难，但还是接受了学校的任务。在这一年的工作里，她对工作认真负责，敢于管理，勇于创新，为满足学生的个性化需求，因材施教。在学校各级领导的支持下，刘老师首次设计并实施了高中社会实践课程，制定了形式多样的学生发展学习方案。例如"走进清北""参观博物馆""职业体验""拓展训练""花样实验考察"等，让学生们在更广阔的课堂汲取知识，益智激趣。同时刘老师能顺应新时期教改精神，根据以往年级分层走班的经验并结合本年级的实际情况，提出了具有本年级特色的分层走班方案，既满足了不同层次学生的需求，又保持学生的相对稳定，使学生和家长都颇为满意。此外，刘老师工作主动而得法，年级教师关系融洽，和本年级教师、家长、学生沟通顺畅，能够形成合力促进学生的全面发展。

（首师大附属中学）

不忘初心　立德树人　守正笃实　服务成长
——记王强老师

王强简介

王强，1971年7月生，1991年9月至1995年7月，在西南师范大学生命科学系学习；1997年7月至1999年2月，在首都师范大学生物系硕士研究生课程班学习；1995年7月至2004年7月，在北京市知春里中学，先后担任德育主任、团委书记、教科室主任、党支部宣传委员；2004年7月至今，在首都师范大学附属育新学校工作，先后担任德育主任、团委书记、党委宣传委员、中学部主管副校长；2004年5月至2009年5月，担任海淀区人民法院兼职人民陪审员；2014年9月至今，担任海淀区人民政府教育督导室兼职责任督学。

王强，男，1971年生，中共党员，中学高级教师，现为首都师范大学附属育新学校副校长，主管中学部全面工作。同时还担任海淀区兼职责任督学和海淀区德育带头人。

一、坚守信仰，引领正确方向

教育为强国之本，育人乃教师之责。作为首都师范大学附属育新学校副校长，王强老师始终牢记自己的教育使命，自觉践行党的教育方针，积极参加学校党委和上级主管部门组织开展的学校管理和教育改革培训，认真完成北京市党员干部在线学习任务。通过参加培训和学习，王强老师更加清晰地为自身使命定准位、把好舵，在困难面前不低头，坚守信仰，坚定信念，正确贯彻党的教育方针，带领中学部师生全面落实国家立德树人、全面育人的教育改革要求。

二、严于律己，做好修身表率

德乃立身之本，也是号召力和凝聚力的力量之源。作为中学部主管校长，王强老师坚持学校要求师生做到的，自己率先做到并做好。比如：中学部对全体教师提出坐班要求，他坚持每天早来晚走；学校要求学生仪容仪表规范，他始终做到发型利落，仪容整洁；学校重视文明礼仪，无论何时何地，他见到师生都会主动微笑问好……

三、坚守情怀，做好常态工作

在当前日新月异的教育改革形势下，王强老师认识到既要与时俱进，开拓创新，更要头脑清醒，守正笃实，要有坚守遵循规律服务成长的教育情怀，更要扎实地做好每件事。

在一次北京市副校长培训班上，来自芬兰的教育专家问王强老师：作为主管校长，在每天繁忙的工作中，最重要的三件事是什么？他回答说：在学校坚持做好三件事：观察、谈话和学习。

观察。王强老师每天早早来到学校，有时在校门口迎接师生，与师生互致问候传递正能量，观察师生的状态，把脉师生在校的获得感和幸福感；有时巡视校园，了解学校一草一木各个角落的设施设备场地环境情况，发现问题及时处理；经常走进课堂听课，了解师生教与学的情况，把脉教学质量。

谈话。王强老师每天在校园观察时，走进班级、办公室与师生互动交流，了解师生思想动态，倾听老师们的心声，帮助老师们排忧解难，发现学生成长

不忘初心　立德树人　守正笃实　服务成长
——记王强老师

亮点并及时鼓励。中午，他会在办公室专门等待师生上门，当他们表达对学校管理的想法和建议，或遇到困难寻求帮助时，他都会耐心倾听并真诚地与他们交流。对问题和建议，能解决的当场答复并立即解决，对不能马上解决的他会及时把想法和师生沟通，耐心解释。因此，师生们都是带着疑惑困扰走进他的办公室，谈话交流后基本都眉头舒展释然离开。

学习。在当前国家转型、教育改革特别是高考、高招、中考、中招改革如火如荼进行的大形势下，教师若故步自封、因循守旧只会被淘汰。作为主管校长，王强老师对自己的职责心存敬畏，心怀居安思危的心态不断学习，及时消化理解以指导自己的工作，并把有关的新形势、新政策和新常态与干部师生分享，引领师生与时俱进，守正出新，确保学校办学方向正确和办学质量优异。

四、关心群众，营造和谐氛围

在管理中，王强老师坚持"一人一品，尊重帮扶，扬长避短，人人都行"的理念，在广泛征求意见的基础上，尽可能根据每个老师的优势、意愿合理安排，努力调动每位老师的工作积极性，力求让正确的人到正确的位置上去做正确的事。

实际工作中，他不回避矛盾，总是及时与相关当事人进行沟通交流，开诚布公地指出问题，与当事人一起分析问题，寻找解决问题的办法，既让当事人心悦诚服地面对问题，又引导当事人积极改进工作。

对老师们提出的困难需求，王强老师总能热心帮助及时提供支持，如有老师子女毕业实习需要派出所开证明遇到困难找到他时，他及时与相关辖区民警沟通协调，帮助老师厘清办事程序使问题得到顺利解决。当高三老师遇到为学生晚自习答疑而顾不上自己年幼的孩子的情况时，他积极与后勤部门协调做出安排，为大家解除后顾之忧。无论工作多忙，他总要安排出时间，与其他领导一道去看望病休、产休在家的教职员工，送去组织的温暖。对待学生和家长提出的帮助需求王强老师也会耐心接待并努力帮助解决。

王强老师坚信，用真心换真情，每个老师和学生都有向好向善的愿望，也都有向好向善的能力，作为干部，能把大家向好向善的心凝聚起来，学校氛围就一定会昂扬向上。事实上，目前的育新学校就是这样的。

五、搭建平台，服务师生成长

王强老师认为有益于学生成长、教师发展的事情，应当不遗余力去协调、争取和落实，只有学生健康成长、教师专业发展了，教育事业才了无遗憾。作为主管校长，王强老师积极传承育新学校一直开展的体育大课堂、艺术大课堂、健康大课堂活动，组织老师们进行课程建设研讨交流，鼓励支持老师们外出学习培训，帮助老师进行教研科研创新，督促老师们参加各种基本功大赛、优秀课展示、"一师一优课、一课一名师"全国晒课活动，开展青年教师转向培训等。

王强老师为学生全面发展、学有所长、快乐成长搭建平台，通过学生会、团委会、红十字会、各种学生兴趣社团等学生组织，积极开展金秋体育节、银雪艺术节、风华学习节、神舟科技节、历史文化考察社会实践等丰富多彩的活动。本着"有赛必参，有标必夺"的理念，支持指导师生参加各种比赛。2016年5月，他积极与清华大学"登峰杯"组委会沟通协调，帮助学生赢得机会参加在清华大学举办的全国184所重点中学近六千名学生参加的"首届登峰杯全国中学生创新大赛"活动，并获得总决赛一个二等奖、两个三等奖的优异成绩，还为高中学生争取到两个"清华大学领军计划"夏令营名额，这在育新中学尚属首次。

六、重视质量，办好优质学校

王强老师认为，没有效果的教育是无效的教育，没有优异质量的学校成不了人民满意的优质学校。近年来，在学校发展面临诸多困难的不利局面下，他和干部师生一道，同心同德，携手奋进，守正出新，取得了优异的成果。

(1)"三考"成绩优异：学生高考成绩在入学基础上文科提升8名、理科提升2名，文理科提升幅度均名列海淀区前茅。今年高考文理科的一本率为80%左右，二本率接近100%，有4名同学被北京大学录取，其中马欣然同学在高一入学时排名海淀区1363名，高考以687分名列北京市第12名被北京大学元培学院文科实验班录取。徐梦茹同学在高一入学时排名海淀区3387名，高考以675分名列北京市第73名被北京大学录取。育新学校高中会考成绩优良率位列海淀区前茅，中考成绩也十分突出。整体来说，育新学校的教育做到了帮助每个学生在不同基础上得到不同程度的进步、成长和收获。

(2)科技艺术体育成绩斐然：其中头脑创新思维竞赛以全国第二名的成绩获得全国一等奖；行进打击乐团在2016年5月上海举办的全国比赛中获得银奖；田方然同学2016年1月荣获澳大利亚U12网球双打冠军、单打亚军；孙

不忘初心　立德树人　守正笃实　服务成长
——记王强老师

嘉名同学获得2015年日本TOMS网球比赛U12冠军。有近200人次学生分获全国、北京市、海淀区各级各类科技艺术体育比赛一、二、三等奖。育新学校在第二届全国少儿美术教育学术展活动中，各项成绩优异，被评为"优秀教学单位"和"最佳组织单位"。

(3)教师专业发展成果突出：有近40人次教师的论文、公开课分获北京市、海淀区评比一、二、三等奖，有3人被评为"北京市骨干教师"，28人被评为"海淀区学科带头人"和"骨干教师"，65人次被评为学校各种先进和骨干教师。

(4)教育科研成果丰硕：2015年完成16个海淀区"十二五"规划科研课题结题工作，2016年有9个课题立项为海淀区"十三五"规划科研课题，本学期将启动海淀区"十三五"规划科研课题第二轮申报工作，成为北京教育学院"协同创新学校计划"项目学校。

(5)校风优良，班组和谐。一年来，学校学生文明礼仪素养得到巩固提高，教师各组各部门间团队凝聚，和谐发展，干群之间、同事之间、师生之间、家校之间团结协作，校园氛围昂扬向上，充满活力。

多年来，王强老师在岗位上兢兢业业，努力进取，坚持学校"育德致美，启智日新"的理念，始终坚定教育信仰，服务教师学生成长，带领师生家长把学校建设成美丽的校园、阳光的学园、成长的乐园、幸福的家园，为办好人民满意的优质学校而不懈奋斗着。

（首师大附属育新学校）

用心灵赢得心灵
——记王春荣老师

王春荣简介

王春荣，1964年6月生，1980年9月至1984年8月，在北京第三师范学校学习；1984年9月至1998年8月，北京西城黄城根小学，任语文教师、班主任，兼职西城区语文教研员；1998年9月至2012年8月，在首都师范大学附属育新学校工作，任语文教师、年级主任，海淀区语文兼职教研员；2012年9月至今，首都师范大学附属回龙观育新学校小学部德育主任（本校派出）。

用心灵赢得心灵
——记王春荣老师

有人说:"用心灵赢得心灵,是教育的最高境界。"王春荣老师就是这样一位"用心灵赢得心灵"的老师。已经在小学班主任岗位上工作了27年的王老师,始终把教育工作当作一项用爱和勤构筑的伟大工程,不断地在实践中探索,在管理中创新,在和谐中育人。

作为班主任和年级主任,王老师对学生的关爱远远胜于自己的孩子。在对学生的教育管理方面,她从不分分内分外。无论是她自己班的,还是其他班的;无论是本年级的,还是其他年级的,她都会主动去做工作。她不但关心学生的生活,还关心他们的健康;她不但教学生怎样做事,更教学生怎样做人;她不但关注学生课内生活,也关注学生的课外生活。近几年,她创造条件,先后组织了多次有益于学生全面发展的活动:电视台访谈、亲子大赛、成立家长委员会、创办班级月报、开办班级博客、组织年级传统文化学习小组、倡议并组织为病重学生捐款……这些丰富多彩的活动开阔了学生的眼界,拓展了学生认识世界的空间,丰富了学生的内心世界。每一次活动的策划、组织、实施所需要付出的时间和精力是可想而知的,但是王老师从未去计较过。虽然她也有一个从小失去父亲的儿子要照顾,虽然她自己也一身病痛,但是只要是为了学生,她觉得付出多少都是值得的。

一次暑假前期,王老师组建了"中国少年报小记者团",团员和家长们开展了一次义卖活动,准备把义卖的资金捐助给贫困地区的学生。为了实现学生和家长的愿望,为了让学生通过活动得到更多的收获,王老师多方联系,精心组织,于暑期带领老师、学生、家长一行32人踏上自费前往陕西榆林子州冯家渠小学的旅程。一路上所有人带着来自全校学生捐赠的文具、学具、书本、衣服负重前行,同时在候车室、火车上进行采访、排练。到了冯家渠小学后,大家与那里的学生一起生活、学习、活动、交流。通过三天的活动,学生们开阔了视野,学会了克服困难,感受到了合作成功的快乐,最主要的是不仅增强了学生的社会责任感,同时也让随行的年轻家长们受益匪浅。

如果说王老师组织这次活动已经充分表现了教师在教育工作上的一种执着、一种奉献、一种追求,活动结束,王老师的一系列举动更是令人感动,在带着学生、家长返回北京的途中,王老师因为关照学生,不慎把脚崴了。当时脚已经肿起,但为了不影响团队行程,王老师坚持不离开学生,其实当时完全可以让其他老师把学生和家长带回。但是,王老师说:"我带出来的团队,就必须亲自带回去。"直到所有学生、家长安全抵达学校门口,王老师才去医院接受治疗。更令人感动的是，整个假期，王老师坐在轮椅上继续与家长、学生进行交流，整理、总结"子州"之行的收获，制作活动手册。一个月后，王老师又坐在轮椅上出现在操场、教室、会议室……两个月后王老师挂着拐参加了升旗、开学典礼、教师培训……当别人都劝王老师不要这样拼的时候，王老师回答得很简单："在家休息，看不到学生心不安，自己的工作交给别人不放心。"

王老师用行动诠释的"身正为范"。对学生来说，王老师的责任心感染着他们；对家长来说，王老师的奉献情在激励着他们；对同事来说，王老师的坚守岗位在鞭策着他们。王老师用自己的行动打动着周围每一颗心。

王老师把所有的时间、精力都用在学生身上。她每天总是最早来到学校，最晚离开学校。学生们说："王老师的心在全年级每个学生身上。"老师们说："只要有王老师在，全年级就会稳定。"王老师对学生的热心、诚心、细心、精心打造出了一个全校最稳定的学生团体。

她不仅在教育管理方面倾心投入，在教学工作中，更是潜心钻研。她不断学习、大胆实践，积极运用先进的教学理念来指导学生。她不断探究高效的教法和学法，精心处理好教学的每个环节，真正做到精益求精。在语文课堂上，为了使学生由爱学变成乐学，她精心设计每一节课。她创新了识字教学中的"字串"学习方法，极大地激发了学生的识字兴趣，提高了识字的效率。她在阅读教学中开展的散文配乐朗诵、记叙文分角色朗读、小说故事表演等教学活动是课堂上学生喜闻乐见的形式，尤其是她的"趣味活动学写作"使学生对习作练习不厌其烦。王老师的学生们说，上语文课，时间总是过得特别快，很多时候都不愿意听到下课铃声，每次因为其他课临时不能上要改成语文课时，教室里总会出现一片欢呼声。王老师不仅注重学生的知识学习，更注重运用激励机制调动学生学习的积极性。她在班级和年级设立了不同级别的奖励办法，凡是学生有好的表现，就会有相应的奖励，如增加一朵花，飞机上升一个格，班日志表扬，上博客光荣榜或班级、年级开会颁奖等，做到天天有评比，周周有奖励，月月有总结。正因为如此，学生们有了明确的目标，养成了良好的学习习惯，年级整体学习态度认真，学习能力较强，学习成绩优异。她所带的年级在五年级北京市各科质量检测中创出有史以来学校最佳成绩；她所带的班级在海淀区六年级质量评估中语、数、英三科平均分均列年级第一。

如果说在教育、教学工作中王老师是用心灵在引领、感染、启迪着学生的心灵，那么在家长工作中，王老师更是用心灵在赢得心灵。在王老师做班主任的过程中,应该说把家长工作做到了极致。她组建了规范性、时效性、影响性极强的班级家长委员会,这个委员会有明确的职责、分组、分工。家委会有计划,有总结,有活动。通过家委会的工作开展,深入、全面地挖掘了家长资源,调动了全体家长的积极性、能动性。每个学期,王老师与家长一起共同探讨家庭教育、学科学习、兴趣培养、习惯养成、情感激发、修身养性等各种问题,开展分享活动。同时动员家长根据自己特长组织了班级足球队、报社、博客站……之所以这样重视家长工作,王老师有自己的见解。她认为当前对学生的教育影响力,家庭和社会都应该给予足够的重视和指导,否则再好的学校教育到了学生这里时效性也会大打折扣。为了使家庭教育与学校教育一致,王老师定期开设家长学校,针对孩子的个性发展、"偏科""做事拖拉""情绪控制""宽容"等专题进行探讨,特别创编了班级的《桥梁月报》。《桥梁月报》的编辑、出版,加强了班级的凝聚力,提升了家长的育人理念,细化了家长的教育方法指导,丰富了学生的课外活动。记得王老师有年带毕业班,毕业前整个大半年,王老师带着学生、家长几乎把所有的课余时间都用来准备毕业典礼了。身边所有的领导、老师都不解地问:作为一个班级,有必要这样"兴师动众"搞毕业典礼吗?王老师的回答是:"我想让孩子们借此活动梳理自己小学六年的生活,通过这个过程回顾自己的成长历程,从中学会感恩、培养自信心、增强自强的信念,最主要的是要让学生感受到六年小学生活的意义与美好。"经过几乎半个学期的准备,班级毕业典礼如期召开,整整两个半小时的典礼,"才艺展示""成长回顾""感人故事""班级画册""教师寄语""家长希望"等板块的活动异彩纷呈,感人至深。为了激励学生升入初中以后更加努力,更好地发展自己,王老师还特别亲自填写了一首《满江红》作为毕业誓词:

满怀豪情踏征途,奋勇向前。

为母校,增光添彩,百花争艳。

六个春秋肩并肩,六个春秋心相连。

念师恩,不忘家人望,莫等闲。

既成人,又成才,学业精,品行端。

立长志,脚踏实地奋战。

欢歌笑语送师长,捷报佳音万家传。

再相逢,硕果压枝低,尽欢颜!

这首誓词后来成为每位学生的励志誓词。这首誓词也一直激励着王老师自己。正如她经常说的一句话:"做老师,我总是觉得自己要做的事总也做不完,因为我们影响的可能是孩子的一生,家庭的幸福,国家的发展,做老师,我从不敢怠慢。"

多年来,王老师不仅踏踏实实、勤勤恳恳做好在学校的教育教学工作,还先后兼职作为西城区、海淀区的兼职教研员,多次在区里做公开课、讲座等。她撰写了多篇教育教学论文,录制了多节示范课,还作为教育部语文出版社的特聘讲师团成员到全国多个省市为老师做业务培训,在语文教学方面做出了很多贡献。

对教育工作的倾心,对教学工作的精心,对学生全面发展的用心,对教师素质提高的苦心换取了学生的安心、家长的放心、老师的开心。王老师是一位切切实实做到了"用心灵赢得心灵"的老师。

(首师大附属育新学校)

在教师成为专业的道路上
——记宁虹老师

宁虹简介

　　宁虹，1950年1月生，1986年毕业于曲阜师范大学，获教育学硕士学位。1998年来首都师范大学教育系工作。先后担任教育系、教育学院教育学原理教研室主任、教育基本理论研究所所长。教育学院教育系教授，博士生导师，教育学一级学科北京市重点建设学科负责人。近十年来，主持我校教育学原理学科建设，1996年获国务院颁发的政府特殊津贴；2000年获得教育学原理二级学科硕士学位授予权，2005年获得教育学原理二级学科博士学位授予权、教育学一级学科硕士学位授予权，为我校教育学科的建设和发展做出了重要的贡献。2007年获北京市第三届高校教学名师奖。

十几年来，宁虹老师始终不渝地坚守其学术理想，执着于学术追求，坚持以实践哲学为教师教育、教师专业发展、教师教育学科建设做严格科学的理论奠基，探索了一条教师成为专业的理论的道路。

对于长期未能解决的现实问题、长期未能突破的专业领域、迅速到来的"互联网＋"时代变革，宁虹老师首先高度重视检验基础理论方面的应对状态，以此作为突破方向的首选。"教什么，怎么教"这个基础教育最日常最基础的环节上的困扰，长期难以克服是由于自然经验依赖的专业支持有自身的局限，这种局限涉及基础理论问题并且是经典的哲学问题，一种突破经验论认识论传统的基础理论建构，将会带来根本的变化。于是，以理论自觉的经验超越自然经验的局限，成为基础理论突破上的可能条件；同时它也展开一条教师专业可以在严格科学意义上建设起来的道路，而能够完成这一任务的理论资源来自实践哲学。

在宁虹老师所做的基于实践哲学的教师教育学理探索和学科建设中，理论与实践、本体与方法、教育内容与学生主体从来都是同一的，没有任何割裂和隔膜。这是因为"认识何以可能"的哲学回答作为教育的原理，从理论上确立了"道之所存，师之所存"的教师教育构成性建设，以"内在发生与展开的方式"形成"发生学原理—构成性标准—构成性课程—直接培养出专业教师"的结构序列。宁老师具有变革意义的探索让我们清晰地看到，理论道路的存在，展开了教师专业发展和建设的广阔空间。

在实践哲学理论建设道路上，宁虹老师高度重视从事教师教育的教师其自身的立身立德，师德建设是理论建构中具有构成性的基本成分。"没有爱就没有教育"，"热爱"作为教师专业构成性的起点，是构成教师专业意识具有根本意义的成分，是教师专业生活的存在状态。教师的专业之爱包括对学科的热爱和对学生的热爱。

热爱，不同于兴趣、喜欢、喜爱、爱好，不仅仅是一种情感，也包含着深刻的理解、准确的把握、强大的信念，并且它们都是一体的。在这里，理论与情感、理性与感性没有距离，它们从未在真实的生活状态中分别独立地存在过，而最后让热爱产生出来写下具有标志性的那一笔的是理论。它把知识对于人在世界中存在—生活的意义和课程的形象，突出、清晰地在教师头脑中建立起来，使其组织起来成为一个统一的整体，汇聚成教师对所授学科的热爱。

对学生的热爱同样也是专业的。教师之爱应有对于世间一切爱的普遍蕴含，这对于教师是尤其重要的专业要求，但是，教师对于学生的教师之爱还要

在教师成为专业的道路上
——记宁虹老师

有对知识的热爱的参与。这并不是另一种爱,而是在普遍的、一般的热爱中倾注了教师特有的成分,因而有了教师特有的品性。对学科的热爱和对学生的热爱的汇聚融汇为一体,成为对于教师职业热爱的纯净的充实,这也是它们为什么对于热爱教师职业具有构成的作用。没有经历这样的构成,无以实现教师使命、责任的担当。必须有了的纯净的充实的专业经历,才能真实地发展成为对于教师职业真正的热爱,它才真正拥有热爱所应有的炽热、真挚的强烈意向和倾心所愿,孜孜以求而诲人不倦,才能时时处处以身示范,具有感染的力量。

当教师拥有这个构成性起点并由此展开教育实践的时候,才能实现"一言一行,为师为范"。他的教总是有坚强的信念、充实的感觉充盈鼓舞着,在这样的感觉中无须证明但清晰地觉察着所做的一切,一言一行都是在教,永远以学之高、身之正来垂范教化。

宁虹老师自身就是这样的教师,他以自身的热爱和拥有,全身心地投入教师教育的课程建设和教学中,为全日制教育硕士开设了"学科教育哲学"课程。该课程以"认识的发生与成为教师的原理"作为导论,次第展开"认识何以可能作为教育的原理""儿童心灵的社会文化构成——基础教育课程的构成性实现""成为教师——认识何以可能作为教师专业意识""零距离教师教育:亲历构成性教师教育课程"等课程内容,构成了教师教育的基本理论体系,成为教师专业、教师教育学科创新发展的具有连续性、构成性的基础。基于实践哲学的探索与教育学原理、学科教育结合,奠定了严格的教师专业学习理论基础,以哲学、文化、历史的高度、广度和深度,展开学生学习视域,建构学生学习生活。通过模拟实践环节同步展开,学生实现理论与实践、学与习的深度契合,并为学生提供以理论自觉的超越构成性实现专业成长的道路。在这个课程实施的过程中,每一位学生都逐渐领会了认识的发生——学习认识发生的原理,经历教师专业的认识发生过程——怎样成为教师从"间接经验"成为直接经验,从无到有的转变过程。

这个转变过程首先是在第一节课上理论认同的发生,这使学生立即走向了一个专业的起点:"倾听历史的回声——认识何以可能作为教育的原理",这是教育硕士专业课程的第一个哲学部分。采用的是学生读书、报告的方式教学。这种方式为这门课的学习带来一个令人鼓舞的开始。

在第一节课上,他们首先遇到教师郑重提出的问题:教育有原理吗?连续几届学生面对这一问题,都是坚定的摇头。教育的一切都是不确定的,怎么会有确定的原理呢？这是一个意料之中的回答。没有人记起应当质疑这个回答：如果没有一个明确的原理，那我们马上下课，当我们在教育原理课堂上却说这个原理并不存在，为什么还要上这个课呢？教师作为专业必有教育的原理，拥有这个原理便是成为教师的开始。认识何以可能的哲学回答作为教育的原理，竟然这样向毫无准备的学生走来。

教育居然有原理，认识可能性居然有明确的回答，并且是哲学的回答，当教师居然要从这里开始，从学哲学开始，每句话都是一个大大的问号加叹号——这可能吗？从来不曾这样想过和相信过！间不容发之际，匪夷所思的一切开始了。一个五环图、六章的标题呈现在屏幕上，匪夷所思的一切居然在这里一览无余，教育的原理居然如此清晰地从这个屏幕上走了出来。

人在世界中生活，并且直接知觉、体验、意识到它，确实可以作为最基本的事实，成为无须质疑的起点。我自己、所有的"我自己"都经历这个起点——和人类历史、认识历史同样的起点，人类的认识就是这样产生和发展到今天。

第一堂课过后，教师和学生都还没有意识到下一次课的惊喜。被震撼的学生能够适应这个学术文化的冲击吗？教育原理的线索串讲之后，是学生的专题报告，上完第一次课纷纷说对所有这一切毫无所知的学生，在连续六周的哲学专题报告中异彩纷呈。

对于原理的接纳、认同，还不是意识的形成而只是它的开始。它还需要一个在主动的经验中有质感的充盈，以此来获得一种自外而内、由被动向主动的转化，从而使关于原理的接纳成为内在的意识，具有内在的构成性。作为硕士研究生专业课程的学习，支持他们接纳理论的力量可以是多方面的。我们课程设计的开篇串讲，既是一个基本内容介绍，也是一个原理意识、专业意识、严格科学态度的激发，它所赖以实现的是基于严谨逻辑的意义推演的力量——一个清晰的原理的线索，从起点到最后一个环节，都可以接纳且这个接纳无懈可击。实事求是地说，绝大部分学习的学生表示，他们从未经历过这样的学习。这意味着一种冲击性的震撼、具有挑战的刺激，它可能引起兴奋的学习状态，被认为是研究生应有的学习状态。应当说，这个冲击对于他们而言是需要的，并且虽然极具挑战，但没有越过失当的界限，没有造成学习的崩溃。有两种情况可能使课程的学习者不进入这样的学习状态：一种是墨守成规，不认为教师的专业学习将伴随深刻的变革，因而心有拒斥；还有一种是心有旁骛，对于学习是什么样子，无动于衷。课程的设计对这样的状态有清醒的估计，但并不分

在教师成为专业的道路上
——记宁虹老师

心针对,而是在课程的继续推进中消解。课程的继续推进,着眼于逻辑的、被动的接纳向意义的内在的构成性的转换。这个转换在课程设计中是由学生大量阅读哲学理论书籍和课堂哲学报告完成的。

令人欣慰甚至感到惊奇的是,在经历了读书和准备报告的过程后,每一届学生都能够焕然一新地出现在哲学报告的讲坛上,各出机杼地做着精彩的报告。那个陌生的大门,居然就这样猛然间打开了,接着是连续震撼的效应。

"拥有理论的生活,是最大的幸福。"这是宁虹老师经常说起的一句话。这种幸福感来自源源不断的突破,只有不断克服困难、艰辛跋涉的人配享这种幸福。在专业硕士的答辩会上,所有人都亲眼见证,"发生学原理—构成性标准—构成性课程—直接成为教师"构成前进的路标,"以理论自觉的经验超越自然态度的经验"直指问题症结,"媳妇不用十年熬,立地成婆"从口号成为真实的写照。谁都不会忘记,在学生答辩致谢之后,宁虹老师满怀激情地做了《赞美理论,感谢学生》的致辞:

我们不想掩饰此刻的欣喜——为教师专业的建设做出贡献的欣喜——它只是我们探索的初衷、长久伴随的期待终于如愿以偿。在这个欣喜中,再也无可剥离的一份情感属于我们的学生。感谢我们的学生,是因为他们不可磨灭的贡献,才有今天的这个刚刚可以称为圆满的欣喜。当所有这一切,一桩桩一件件在自己身上发生,如同大家刚刚看到的,不可想象的一切都在不可想象中发生,于是剩下的只有一句话:只有那在崎岖小路的攀登上不畏劳苦的人,才有希望到达光辉的顶点。

再次感谢你们,你们有资格享有这份感谢和老师只能在这个感谢中赋予你们的荣誉——飞捷报传佳音——胜利者的荣誉!

大学是学术的,学术是神圣的,学位论文答辩通过的时刻,就是这个学术殿堂上庄严神圣幸福欢悦的节日,愿它永远留在我们幸福的记忆里!

(教育学院)

无言勤耕耘　大爱育英才
——记王珂老师

王珂简介

王珂，1960年1月生，首都师范大学美术学院副院长、教授，博士研究生导师，著名国画家，中国美术家协会会员。先后师从王明明、韩国榛、卢沉、张立辰、冯远等美术大家。在权威核心期刊发表多篇文章和作品，主持及参与重大课题研究项目、参加国家级展览40余次。2009年与前国家画院院长龙瑞合作作品《红旗渠》入选中宣部、文化部"国家重大历史题材美术创作工程"，2013年与王巍合作作品《秦始皇统一六国》入选中宣部、文化部"国家中华文明历史题材美术创作工程"。其多幅作品入选第九、十、十一、十二届全国美展。

一、德艺双馨，率先垂范

王珂老师品德高尚、为人真诚、心向朴素、虚怀若谷。正如中国艺术研究院研究员、博士生导师王镛先生所说："他虽然早已成名，在艺术界和市场上都有良好的口碑和业绩，却不事张扬，始终保持平淡自然的心态，追求质朴无华的生活和艺术。"北京工艺美术出版社主编贾德江先生也曾评价他"平易中见淳厚，质朴中寓性灵"。

王珂老师始终践行立德树人的育人理念，在教学、科研中注重对学生品行的指导，常在生活中与学生探讨学习与做人的道理，只要在绘画上或生活上有所心得、有所感悟，他都会及时与学生分享并传授给他们。同时，王珂老师注重言传身教，凡是要求学生做的他都身体力行，做好表率，绝无半点空谈，始终保持着平和亲切的态度。他扎实严谨的学风教风、谦虚谨慎的大家风范，给学生树立了为学、为艺、为师的价值标杆。

2014年王珂老师带领工作室的23名学生们开展了"心向阳光——爱心援藏筑路公益活动"。西藏林芝地区察隅县察瓦龙乡岗藏村位于西藏、云南交界处，地处偏远，交通条件落后，自然环境恶劣，祖祖辈辈生活在这里的藏族群众过着农耕牧放的生活。由于没有通往山顶牧场的便捷通道，岗藏村群众需要绕道两天时间才能到达山顶放牧，十分艰辛，这也极大制约了岗藏村特色畜牧业的发展。王珂老师得知情况后，带领工作室的学生经过近三个月精心的准备，创作出了藏族题材水墨人物作品47幅，用义卖所得100万元建立了王珂工作室公益基金，为岗藏村修筑了骡马驿道。从根本上解决了当地牧民放牧难的问题。

二、治学严谨，因材施教

王珂老师自1983年毕业参加工作至今已有34个年头。34年来，他一直从事一线的美术教学工作，在教学工作中他以认真负责的态度，对不同特质的学生，采取不同的方法来启发和引导，因材施教、扬长避短，得到广大师生的一致好评。

王珂老师的家离学校很远，但每次上课他都赶在学生前到达教室，提前做好上课准备。由于水墨人物画具有很高的技法要求，学生掌握起来有一定的难度，为了让学生能更直观地学到绘画技法，多年来他一直坚持在课堂上给学生做范画。对待学生提出的不同问题，他都能耐心解答，直到学生弄懂为止。王珂老师对待学术严肃认真，就像他的为人一样正直。例如在评判学生作品时，他一方面诚恳真切，知无不言，学生画得好就是好，画得不好他绝不会敷衍着对学生说好；另一方面他包容并蓄，用专业的眼光帮助学生分析作品的优缺点，客观地指出学生的优点与不足之处，然后根据学生的具体情况，指导学生如何改进，并避免因个人的好恶与情感影响作品评判。当学生有所领悟和进步时，王珂老师会欣然给予表扬和鼓励，注重激发学生在艺术上的热情。经过手把手的指导，学生们受益匪浅，每门课程结束时都有很大的进步。王珂老师还充分发挥自己的人脉优势，多次带着学生参加校内外的重要学术交流活动和展览活动，不辞辛苦地带领学生远赴西藏、云南、河南等地开展艺术实践活动。这些活动极大地开阔了学生视野，丰富了学生的学术体验，大大提高了创作水平。

　　王珂老师是一位善于教学的优秀教师，他的教学地点不只限于课堂，他还把教学活动搬到餐桌上、乒乓球台上……在每一次温馨愉悦的聚会就餐中，他教授学生交往的礼仪与处世的道理；在每一次热情激烈的乒乓球比赛中，他让学生体会身体健康的重要与团结协作的精神。他深知学生将来走向社会需要具备的能力是综合的，优秀的学习成绩只是综合能力中的一部分。他对学生的教育是由内而外的"人格"与"能力"的双层塑造。

　　由于教学方法得当，王珂老师取得了丰硕的教学成果。其研究生创作的作品先后入选国家级展览七十余次，获奖三十余次，受到社会的广泛认可与赞誉；研究生中有七人获得研究生国家奖学金，一人获得校级特等奖学金，一人获得校级一等奖学金，多人获得其他等级奖学金，王珂老师工作室学生获得奖学金的数量和等级在学院名列前茅。此外，从他工作室毕业的学生走上工作岗位后，都能得到领导和同事的普遍认可。

三、严师慈父，无微不至

　　王珂老师除了在学生的学习方面投入大量的精力之外，还时常关注学生的日常生活，热心帮助在生活上遇到困难的学生。每次带本科生、研究生外出写生，在选择交通方式、食宿地点时，他都亲自过问，不但会考虑对学生的学业是否有提高，还会考虑学生的经济承受能力，尽量减少学生的经济负担。很多时候，王珂老师都会私下询问学生对写生所需的往返车费、食宿费用，以及绘画所使用的材料费是否负担得起，只要学生有困难，王珂老师就会无私地提供

无言勤耕耘　大爱育英才
——记王珂老师

资助。像这样资助学生的实例，数不胜数。在王珂老师的内心深处，每一个学生都应该得到老师相应的关注，每一个对专业热爱并坚持着的学生都应该被鼓舞、激励，这样才能够给他们足够的动力朝着自己的梦想奋斗。

王珂老师每次外出写生或者是考察归来，总不忘给自己的学生带一些小礼物。这些礼物，或是福建南普陀寺菩提子，或是云南的玉，或是日本的寓意成功与吉祥的猫头鹰挂表，或是美国的红漆小佛头……礼物虽小，却充满着老师对学生们的挂念和深情厚谊。王珂老师的心时刻牵挂着自己的学生，这让大家深深地感受到有这么一位时刻关心自己的老师而幸福！

"老师对我们的爱如同慈父一般。他常常告诫大家，我们来到这个画室就是一家人，我们这个大家庭里每个人都要互相关爱、互相帮助。他常教导我们要做一个善良、真诚、团结、踏实、对社会有用的人。"他的研究生如是说。从刚入学的新生到毕业后走向工作岗位的学生，王珂老师一直关心着他们的学习、工作与生活，他对学生的关爱可谓无微不至。他总想着给学生减轻一些经济压力，每届入学的研一新生都会得到他赠送的几刀宣纸，数只笔。他还不定期地给每个年级的研究生分发新毛笔，买到好的颜料他也会第一时间和学生分享。

王珂老师从教三十年来，他对家庭和生活有困难的学生，几乎都是倾尽全力去帮助他们渡过难关。王珂老师的一位研究生，因为家庭突遭变故，他不但毫不迟疑地借给学生十万元钱，还每个月资助学生500元生活费，并且还一直安慰他的学生，让学生战胜短暂的困难。现在这位学生毕业了，主动投身西部建设在西藏林芝地区做了一名基层公务员，为边疆建设奉献青春；有一位本科生的母亲病重，高昂的手术费把这位学生的家庭压得喘不过气来，王珂老师得知情况后，便资助了这位学生两万元钱，帮助他渡过难关；有学生结婚的，他再忙也要抽出时间参加学生的结婚典礼，给学生送上祝福；有毕业生找工作的，他则时时关注就业信息，尽力为学生指点迷津；有学生毕业后在工作岗位上工作比较辛苦的，王珂老师知道后，既感到欣慰又觉得心疼，欣慰的是学生在工作岗位上认真勤劳，得到了大家的认可，心疼的是，学生工作太辛苦，他心里不是滋味……这些点点滴滴凝聚了王珂老师对学生的关爱与呵护。

桃李不言下自成蹊。学生们的品学兼优，学生们的交口称赞，学生们的真情爱戴就是对王珂老师最好的写照。

（美术学院）

谦谦君子　温润如玉
——记马自力老师

马自力简介

马自力，1963年8月生，历史学博士。现任首都师范大学文学院教授，博士生导师，首都师范大学中国散文研究中心主任，中国古代散文学会副会长。研究领域为：中国古代文学史，偏重六朝及唐宋文学。曾获中国社会科学院首届青年优秀科研奖论文类二等奖（1992年）、北京市第十届社会科学优秀成果二等奖（2008年）、承担国家社会科学基金项目2项（2004年、2008年）、省部共建人文社会科学重点研究基地重大项目1项（2013年）、全国高等院校古籍整理研究工作委员会项目1项（2016年）。出版各种学术著作7部，发表学术论文30余篇。

谦谦君子 温润如玉
——记马自力老师

在首都师范大学，你经常会看到一位老师：脚下行色匆匆，手里拎着"首都师范大学中国散文研究中心"字样的布袋子，脸上挂着微笑，和过往的师生打着招呼，课后又与学生一同去食堂就餐。

"在我后来的求学和工作中，向别人提起我的老师，凡是和他有过接触的人都无一例外地称赞他，说他待人接物不疾不徐，谦和有礼，是位谦谦君子。"他的2013年毕业的硕士生白彬彬如是说。

"2009年9月初次踏进这个校园时，成为老师开门弟子之一，2012年的9月，开始跟从老师开启了博士学习的生涯。求学六载，老师从来都是温文尔雅、和颜悦色，学生却愚钝不才，让老师颇费苦心。"他的2015年毕业的博士生马小会在其毕业论文后记中这样写。

从过不惑之年到知天命之年，从编审到教授，从主编到院长，寒来暑往，岁月在他的脸上留下了痕迹，风霜给他的头发染上了颜色，他在首都师范大学已度过了八个年头。

那一天，他在办公室讲课，刺眼的午间阳光直射在我的脸上，他起身把卷帘拉下了一些，回首望了望学生们，我们露出了会心的笑容。

他就是我们的师父——马自力老师。

一、"初心不改"与桃李满堂

2008年，师父走上了首都师范大学的讲台，终于如愿步入了教师的行列。

他说："从开始读书，我就希望能把教师当作自己的终身职业。后来受袁行霈老师的影响，更坚定了自己做一名教师的决心。教师看似无大用，实则肩负着文化传承的使命。"

但造化总爱弄人，硕士毕业后，他却在期刊界一待就是20年。

1988年师父从北京大学硕士毕业，本可留校的他由于各种原因还是走上了找工作的道路。他遍走各大高校应聘，却天不遂人愿。最终，中国社会科学院《中国社会科学》杂志社接受了他。从此，他开始从事文学编辑工作及编辑业务管理工作，历任编辑、副编审、编审、文学编辑室副主任、主任，《中国社会科学文摘》常务副主编，2007年1月被任命为《中国社会科学》杂志社总编室主任。

在他从事编辑工作的20年里，要做教师的初心不曾改变。2000年至2003年他回到北京大学读取了历史学博士学位。2008年2月，他终于实现了自己的教师梦。

经过半年的准备,包括在那一年的酷暑接受教师岗前培训,考教师资格证,从2008年下半年开始,他正式走上讲台,开始为汉语言文学专业本科生讲授"中国文学史3"即宋元文学史,为文学院专升本成教班讲授"唐代文学与文化"。后来,又陆续开设了多门本科生和研究生课程。他通观博雅的授课风格深受学生的喜爱,于2013年被评为首都师范大学"师德先进个人"。

如今的他,除本科生外,从2009年至今所带硕博研究生已超过20人。提及每一位学生的名字时,他扳着手指,如数家珍,自豪和满足之情溢于言表。

他说:"幸而我初心不改,不然便是一辈子的遗憾了。"

二、"德才兼备"与文史结合

"老师律己教人,德才兼备,他常常要求学生提交两篇论文:一篇是学术的论文,一篇是人品的'论文'。"2011级博士生贺同赏说。

近日读李洲良在《光明日报》发表的《清逸　清拔　清远　清淳——袁行霈先生的治学风范》一文说:"给我印象最深的,是先生的一句话。他说,研究古代文学一定要找人品和作品都要好的,人品不好还研究,那有什么意思?看似不经意,却道出了先生学品与人品兼修的治学原则。"——原来是师门传统如此啊!

1985年至1988年,师父跟从袁行霈老师攻读文学硕士学位;2000年至2003年,由北京大学中文系和历史系联合培养,师从袁行霈教授、王小甫教授,获历史学博士学位。师父受两位老师的影响颇深,"转益多师"的方式让他受益匪浅。所以后来在指导我们的时候,常鼓励我们去听本院及外校老师的课,并关注海外汉学家的研究路径。

我的硕士毕业论文做的是唐宋《蝶恋花》词的研究,南京师范大学的曹辛华老师是此方面的专家。一次在京会议中,师父结识了曹老师,并推荐我向曹老师当面请教。后来,我的硕士论文撰写确实得到了曹老师的许多帮助。

在学术追求中,师父把自己的研究路径概括如下:"将文学史和批评史结合起来,将教材中的文学家和社会中人的实际存在联系起来,将诗文体式之间的互渗和影响视为文体文风发展的一般形式,于是就有了如下三个方面的尝试:在接受美学指导下的文学并称研究,在文学社会学指导下的文人社会角色与文学活动研究,以及诗文文体的相互影响与渗透研究。《清淡的歌吟——中国古代清淡诗风与诗人心态》《中唐文人之社会角色与文学活动》《语录体与宋代诗学》就是以上三个方面探索的初步成果。"

最近帮师父整理书籍，留意到他很多书都夹上了五颜六色的小条，小条上写满了他阅读该书时的心得。据我统计，仅其中两本《唐宋史料笔记丛刊》他就做了近两百条记录。其认真也如此。

德才兼备、文史结合、转益多师、文体渗透，从修身贯穿到治学。师父不会声色俱厉地要求我们，但他却一直以自己的言行潜移默化地影响着我们。

三、"教学相长"与团队精神

师父常说："我的教学理念是教学相长。我传授给学生的，除了知识，更多的是治学方法，而学生则往往能给我以补充和启发，并且能提供新的观念和新的技术。我们亦如唐僧师徒，各有所长，相互补充，本是一个团队。只有发挥团队的精神，我们才能取得'真经'。"

得到一本新书，看到一条学术动态，浏览到一条资讯，探索到一种新工具……师父都乐意在第一时间与我们分享。办公室里，师父如数家珍地为我们介绍他新获赠的书，"这是袁老师的，这是叶嘉莹先生的，这是韩经太先生的，这是吴承学先生的，这是戴伟华先生的……"他小心翼翼地打开封皮，翻到相应页码，为我们讲述他的读书心得。师门群里，每天都能收到师父推荐的若干条信息，这些信息丰富了我们的视野，对我们的成长非常有用。

师父也乐于从我们这里接受新事物。一次，与师父分享新得知的手机应用"扫描全能王"，他得知其功能后马上下载，用后大为赞赏并加以推广。现在"扫描全能王"大约是我们师门最普及应用了。诸如此类，尚有许多，其乐知也如此。

师父善于发现我们的长处，让我们在团队工作中发挥优势。在师父主持的一届"长诗背诵大赛"中，他特意给我安排了制作海报的工作，因为我本科是新闻学专业的。由于以前并没有实际制作过海报，只知道大致流程，对自己并不自信；但师父的鼓励让我重新认识了自我，最终成功制作了人生第一张电子海报。

师父名讳马自力，师兄将师门群命名为"路遥知马力"。"取经"之路漫漫，幸有师父引导，个中百味，冷暖自知。

在一次谢师宴上，师父满怀深情地说："我也应该感谢大家。在你们身上，我的青春得到了延长，我的生命得到了延长，我的希望得到了延长……"

四、"朋辈眼光"与师父称谓

"师父"的称谓不知起于何时，2013年我入学时便已这么叫了。刚这么叫时还不太习惯，但后来却是发自内心的呼唤。旁人初听或而驻足，如今已是艳羡了。我也彻底明白了"一日为师，终身为父"的道理。

硕士入学考试后给师父发邮件，他给了一段很长的回复，我还以我之"殊遇"沾沾自喜，后来问及同门，原来他们都得到了师父的回复。初见师父，他竟还记得我邮件所附之简历，问我是不是当年大学生人文知识竞赛中"戴瓜皮小帽"者，其亲切也如此。

今年3月，博士入学考试和毕业论文检测的时间都在3月20日左右，我既要准备考试，又要着手论文，一时间手忙脚乱、焦头烂额，正在此时师父发来信息让我注意身体，并说对我的学术能力很有信心，一刹那百感交集，一瞬间温暖如春。无怪同门称师父为"暖男"，由此对"路遥知马力"也理解得更深。

师父对我们的关心是方方面面的，是细致入微的。他视学生如己出，在学生身上寄托了殷切而美好的希望。

"2013年，在马老师的推荐下即将进入国家图书馆做博士后时，个人颇感生活压力较大，便在QQ空间写下了'京城米贵，居大不易'的话，马老师看到后，立即询问我的生活状况，并要求我有困难跟他说，他一定帮助解决。"2010级博士张贵说。

"先生性情温和，每以宽容之心待人。从教三年，先生对我这个挂怀家小、未能一心向学的学生，给予了最大限度的体谅和宽容。有一次，我回山东后，因为家事迟迟不能返校。听完我的解释后，先生说：'你说的情况，我很理解，不必多虑。我只是希望你能安排好时间，如果有困难，我们一起商量。相信你能处理好各方关系，很好地完成学习计划。'"2011级博士贺同赏说。

"博士入学10月份我便结婚了，师父得知后询问我的家庭情况、居住问题、对象工作之类，并结合自己的亲身经历为我指明了人生的方向。"2015级博士朱玲芝说。

师父不仅关心在校学生，对已毕业的学生也总是询问近况，关怀备至。即在本文撰写前一夜，一位已毕业的师姐向师父电话询问教学相关问题，师父一一作答，并将自己上课的课件发去参考，将上课经验倾囊相授。

谦谦君子 温润如玉
——记马自力老师

2010级硕士白彬彬说:"后来,在马老师的鼓励之下,我幸运地考入社科院文学所继续攻读博士学位。博士论文答辩之时,马老师又成为我的论文评阅老师。当我去马老师办公室取专家评阅书的时候,看到马老师在我的评阅书上写得密密麻麻的字迹,一股热流瞬间涌上心头。"

近日傍晚跟同学在北一校区吃饭,走到办公楼时,我听到有人喊我的名字,回头看,竟然是师父。我走到近前,师父拉着我,问我吃饭与否。师父离开后,我看同学还站在原地,我问她什么情况,她说"羡煞旁人"。即便帮师父做一点小事,师父也总是"辛苦""烦劳""谢谢"云云。其待学生也如此。

他说:"要把学生当作自己的朋友,以朋辈的眼光来看待,不要让学生敬畏。真正做到平易近人,不要在自己和学生之间树一堵高墙。"

师父从东校区搬家后,原来常骑的老式自行车便退了休。如今在首都师范大学,你若见到一位脚下行色匆匆,手里拎着"首都师范大学中国散文研究中心"字样的布袋子,脸上挂着微笑,和过往的师生打着招呼,课后又与学生一同去食堂就餐的中年老师,那一定是我家师父!

桃李不言,下自成蹊。谦谦君子,温润如玉。有师在此,幸何如哉!

(文学院)

熏风自南来　雅润育青苗
——记王南老师

王南简介

　　王南，1957年5月生，文学博士，首都师范大学文学院教授，硕士研究生导师，中国古代文学理论学会会员，北京国际汉语学院客座教授。1995年至今历任首都师范大学文学院文艺理论教研室副教授、教授。从事中国古代文学理论研究，主要研究方向为古代诗歌理论。长期主讲"中国文学批评史""中国美学史""中国文化与中国诗史""中国文学与中国文化""文学概论""古代文论""中国诗学专题研究"等课程，任教育部"国家精品课程师资培训项目"全国高校教师培训"文学理论""美学"课程主讲教师。于2012年10月受国家汉办委派赴意大利威尼斯、米兰等地的孔子学院讲学。多次在权威核心期刊上发表论文，出版多部个人专著，学术成果丰厚。

熏风自南来 雅润育青苗
——记王南老师

王南老师绝对是文学院最受学生欢迎的教师之一,同学们都以能成为他的门生而自豪。他的课程选修人数爆满,常常被评为学生最喜爱的课程,许多学生都是慕名而来。只需短短几节课的时间,王南老师便会用他充满个人风格的授课方式征服学生——儒雅的举止、风趣的谈吐、生动的讲解、和蔼的态度。他深入浅出地传授艰深的学术知识,激发学生对学习的兴趣,上过他课的同学无不为他风雅的个人魅力和深厚的学术底蕴而倾倒。

王南老师从1995年到首师大工作至今,一直兢兢业业,醉心学术,勤恳育人,在各方面都取得了优秀的成绩。

一、知识青年,优秀教师

1976年,王南老师响应国家号召,下乡插队两年。在劳作之余,他保持自幼形成的文学兴趣,在有限的条件下阅读一切能读到的书籍,把生活的感悟写入诗篇。他还在村里的小学教孩子们音乐、美术和体育,可以说是地种得好、课教得好、书读得好。插队的这两年是他人生中至关重要的阶段,是他有志于学、有志于教育事业的基点。他干什么像什么、干一行爱一行、直面人生、诚恳待人的性格就是在那时磨炼而成的,并成为他在今后的科研和工作中屡克难关的保障。

王南老师矢志于学,孜孜不倦,从1978年以"插队知青"的身份考入原北京师范学院,到1988年研究生毕业并任教、2000年获得四川大学博士学位。至2000年,这条学术深造和教书育人之路王南老师走了整整22年。22年间,无论人生际遇如何,他始终都没停止过对学术的热爱、钻研以及对教育事业的热忱,正是这些磨砺与锤炼才造就了今日这样一位优秀的学者和教师。

身为一名教师,王南老师有着崇高的使命感和责任感。"怎样才能教好书"是他在职业生涯中一直思考的问题。为此,他锐意进取,不断创新,注重科研与实践结合,改进教学内容和方法。王南老师从不"吃老本",而是根据调研情况每年调整授课内容,使课程的内容和难度更加符合师范院校学生的需求;同时注重授课方式的问题性与互动性,并通过"双推进"途径加强学生的学习功效。他所采用的教学手段既主题突出又新颖多样,各门主讲课程都有精心制作、每年更新的多媒体课件,使艰深晦涩的古代文论知识变得条分缕析、浅显活泼。除了个人授课方式的灵活先进之外,他还致力于推动全行业的进步,他全力投入教学改革工作中,已正式发表教改论文约15篇,主持、参加了教改项目9项，成果丰硕。

"古之学者必有师。师者，所以传道受业解惑也"，王老师绝对符合这一为人师的标准。他教给学生们为学之道，在讲授课业、答疑解惑时循循善诱、不厌其烦；他授课层次分明、旁征博引，常能让学生领略诗学的美；在解答学生疑问的基础上，他能引导学生举一反三，进行更深入的思考。所谓"授人以鱼，不如授人以渔"，王南老师深谙此道。无论课上还是课下，他从不做填鸭式的讲授、不求面面俱到，而是遵循一个"提出学术问题—讲解理论要点—引导学生思考—力求触类旁通"的教学模式，讲究点到为止，把更深入细致的功夫留给学生自己课下完成，要求学生回到文献原典中去，夯实学问基础。这一授课方法十分有助于学生学术体系的构建和学术思维的开拓，增强了学生自主学习和学术研究的能力。

王南老师秉承"职业道德常态化，论学育人情感化，授课方式对象化"的教育理念，严守职业道德、爱岗敬业、教书育人、以身作则，用正直热情的为人和生动有趣的教学引导学生全面发展，赢得了学生们的普遍赞誉。

二、为师为父，亦师亦友

王南老师是一个性情温和的人，风趣友善，极具亲和力，同学们都愿意与他交流感受、分享心事；而他对待学生一视同仁，不分亲疏远近，总是竭尽自己所能来帮助有求学之心或有困难的学生。

对于自己的研究生，他十分了解学生们的个性气质和学术兴趣，心中有不同的培养计划，因材施教、有针对性地指导学习，使教学专业性更强、方向性更明确，带领研究生在学术的道路上越走越好。荀子曰："师术有四，而博习不与焉。尊严而惮，可以为师。"而在其门生的印象中，导师很少严厉地批评他们，总是耐心倾听他们的想法，温和地指出他们的错误，继而引导其改正。但事关学术态度等原则性问题则必定严肃待之。他像父亲一样关心学生们的心理、生活和就业问题，耐心疏导宽慰并尽其所能帮助解决。学生们在撰写每一篇学术论文之前，他都能以面授的形式多次予以耐心的指导，与学生交流意见、反复修改提纲、形成可行的写作思路，这一过程锻炼了学生的学术能力。学生们上交的每一篇论文，都能及时地得到他的评改回复，红笔批改的痕迹处处可见；除了纠正学术观念上的错误，标点符号、引文格式、注释等形式方面的错误也被一一修改，可见王南老师对待学术的严谨态度以及对学生们的认真负责。王南老师是真正把学生放在心间的人,为了不使学生们的求学之梦破灭,他能"不屈一格降人才",不在意研究生的年龄和本科专业,破格录取专业水平过硬的学生,并为能获得院校审批而忙碌奔走。

对待本科生,王南老师耐心细致、循循善诱,深入浅出地讲解中国古典文论知识和美学理论,激起学生们的浓厚兴趣,并坚持课后答疑辅导。部分本科生对古典诗歌的热情和兴致极高,总喜欢向他请教,王南老师便像朋友一般,利用课余时间,通过面授、微信、邮件等多种渠道与同学们探讨,帮他们修改其诗歌作品,教他们诗词格律知识,与他们进行诗词唱和,提高他们的鉴赏水平,可谓不遗余力、不厌其烦,并为古体诗的后继有人感到十分欣慰。对于想要考研、继续深造的学生,王南老师会与他们分享经验、提供切实可行的学习方法、开出参考书目,引领他们走上学术之路。

三、学识深厚,硕果累累

"窗竹影摇书案上,野泉声入砚池中。"读书和研究是王南老师生活中不可或缺的一部分,在繁忙的教学工作之余,他不忘初心,仍保有对学术的最初的那一份热爱。他治学严谨、潜心学术,及时掌握学科前沿动态及最新研究成果,反复研读中国古代文论的相关原典并屡有新解,并能及时将自己的研究所得撰写成文。所谓"古人学问无遗力,少壮工夫老始成",他的学识之渊博、学术底蕴之深厚、学术功底之扎实,源自于积年累月对知识的广泛涉猎和深入钻研;对文化学、哲学、中西美学、比较文学、西方文论的深入把握使他将古今中外熔于一炉,更好地传授中国的文艺理论,尤其是诗歌理论。

十年磨一剑,深厚的学识结出了累累的硕果。王南老师出版了《中国诗性文化与诗观念》《诗成天地间——中国诗史漫谈》《北京审美文化史·明代卷》《中国历代诗词曲论专著提要》《增订注释全唐诗》等著作;于权威核心期刊上发表论文《"沉郁顿挫"论》《知弊尚通——唐代诗论中的"通变"观新论》《"文艺"概念探源》《"文学性"与"文学自觉说"》,在核心期刊上发表论文《"苦吟"诗论》《逍遥之游》《明代北京长城的审美文化评价》《于以表情,爰著斯诗——"抒情传统"与"魏晋文学自觉说"平议》,等等。他从未忘记自己的学者身份,默默推动着文学研究的理论进步。

王南老师总喜欢称自己为一名"教书匠"而不是大学教授。他不在乎职称和头衔有多么光鲜响亮,只要能把自己毕生所学毫无保留地教授给学生、传承中国传统文化和文学,他就已经十分满足了。他身上也的确具有浓厚的匠人精神,他有情怀、有信念、有理想,淡然纯素,外无物累于心,守护着心中的一方净土,将全部精力都献于自己钟爱的教育事业,尽力将学术研究和教书育人都做到最好,无愧于心,同时他也极具文人意气,为人不慕名利、潇洒淡远,酒茶诗画常伴左右,完美演绎了文士的风度和名士的风流,身上闪现着古代文人的风采、血性、良知和道义。

无论本科生课还是研究生课,他都严肃认真对待,力求将自己的知识倾囊相授、毫无保留。他将师道之尊严庄重和人格之无穷魅力完美融合,其谆谆教导如春风化雨、润物无声,在潜移默化中教给学生们治学为人的方法和道理,令人敬重。

王南老师认为每一个学生都是可造之才,教师要做的就是善于发现学生的闪光点和优点长处,不浪费每一个人的才华。他确实做到了,他教过的学生们无不为他的个人魅力和学术水平所倾倒。"仰之弥高,钻之弥坚,瞻之在前,忽焉在后。夫子循循然善诱人,博我以文,约我以礼,欲罢不能。"他的学生借用颜回的这句话来表达对他的敬慕之情,并以他为学术上的榜样,可以说,这也是对王南老师在教育工作和学术领域所取得的成就的概括。王南老师以过硬的学术水平和对教育事业的热爱,获得了领导、同事和学生们的一致认可和好评。

(文学院)

为学刻苦好钻研　为师友善德望高
——记迟云飞老师

迟云飞简介

迟云飞，1957年11月生，博士，教授。1985年年初硕士研究生毕业后留湖南师范大学历史系、历史所任教。1992年晋升为副教授，1993年受聘为硕士研究生导师。1998年晋升为教授，1999年7月由首都师范大学引进人才到该校历史系工作至今。

为师三十年从南到北，为学三十载不分春秋。

迟云飞自 1978 年学习、研究历史学以来，兢兢业业钻研清末民初的政治史，成为宋教仁与预备立宪领域的大专家；自 1985 年从事教学工作以来，培养出一批又一批历史学科的工作者。迟云飞为学，勤勉刻苦；为师，宽厚有德。

一、敬业工作，将历史教研奉为毕生的事业

作为教师，迟云飞悉心教导、认真授课；作为学者，他一丝不苟、求真求实，把科研工作做得有声有色。

1977 年，迟云飞考入哈尔滨师范大学历史系学习，1981 年考入湖南师范大学历史系攻读硕士学位。1984 年硕士毕业后，留湖南师范大学历史系（所）任教。

1996 年，追求进步的他考入中国人民大学清史研究所攻读博士学位，拜入戴逸教授门下；1999 年 7 月博士毕业，由首都师范大学引进人才到历史系（学院）工作至今。

迟云飞为本科生主讲过"中国近现代史""中国近现代经济史""中国近代史资料概要""近代中国人物研究""晚清改革与革命"等多门课程；为硕士生、博士生主讲"中国近代史研究及资料概要""中国近代史"等课程。

每逢周一早上，首都师范大学历史学院的学生在上课途中都会看到一位学者，骑着一辆"二八"自行车，车筐里放一个老式公文包，骑到文科楼门前停下、上楼。

这不是别人，正是历史学院的教授迟云飞先生。

听过迟云飞讲课的学生都知道，课堂上，大纲、参考文献、思考题完备。郭飞是跨专业来学中国近现代史的硕士生，他说，老师知道我的基本功不足，每次上课都对我特别照顾，讲到复杂难懂的地方还特意停下来问我有没有听懂。

不仅如此，迟云飞还定期为学生们开出"书单"。不少同学反映，迟老师推荐的书单并非网上千篇一律的"大路货"，而是根据历史学研究最新成果和时政变化精心设计的。

由于历史学作为人文学科具有的一定的主观性，迟云飞还教导学生不要拘泥于课本中的"一家之言"，应当"集思广益"，充分博采众家之长。

为学刻苦好钻研 为师友善德望高
——记迟云飞老师

"从徐中约的《中国近代史》，到蒋廷黻的《中国近代史》，再到吕思勉的《中国近代史》，同样的内容，不同的人写出来有什么不一样、原因在哪里，都是老师引导我们进行思考的。"现在在新华社工作的学生胡林果说，迟老师鼓励学生发扬探索精神和独立思考的能力，"他反复强调，要做有独立思考能力的人，而不是人云亦云，我想这是我这三年研究生生活中最重大的收获。"

迟云飞很注意引导学生从史料研读、解读中"发现历史"，"既要思想活跃、大胆提出问题和新观点，又必须谨慎地以充足的史料来印证"。20世纪八九十年代以来，随着改革开放的深入和对外交往的扩大，中国史学界的研究范式、思维方法发生了巨大的变化，迟云飞将这些变化、新的思想和研究方法一一带进了课堂。

多年的伏案研究产出了丰富的学术成果，迟云飞在《近代史研究》《历史研究》《史学月刊》《湖南师范大学学报》等刊物发表论文近百篇，多篇文章被《中国历史学年鉴》《中国人民大学复印报刊资料》《高校文科学报文摘》等刊物转载。专著方面也是硕果累累，2013年由中国社会科学出版社出版的《清末预备立宪研究》一书获"第七届高等学校科学研究优秀成果奖三等奖"；2012年，《宋教仁思想研究》一书获得"北京市第二届哲学社会科学优秀成果奖二等奖"。

二、"三考大学"，只为心中的读书梦

1978年3月，21岁的迟云飞作为改革开放后第一批恢复高考录取的学生，踏入了梦寐以求的大学校门。而在此之前，他为了圆自己的"大学梦"，经历了长达6年的磨炼与波折。

1972年1月，适逢"文革"期间，由于缩短学制，迟云飞从"高中"毕业年仅14岁3个月。虽然还是个孩子，却已无书可读，为谋生计，他在当地的粮库开始了"打工"生涯。粮库的用工是季节性的，忙的时候会雇人做工，闲的时候就要辞退工人。这样每年会有四五个月闲待在家，为了不浪费韶华，迟云飞想尽一切办法找书看。

1973年，村里传来消息说大学要恢复招生，满怀希望的迟云飞报名参加了考试。初试结果公布，他的成绩名列前茅，被选入参加复试。然而，当时的政策是考试成绩不算数，录取与否全凭推荐。经过漫长的等待之后，迟云飞得到的却是令人失望的答案。

为了生计，迟云飞又干了一年活儿。到了1974年的招生季，不甘心的他

再次报名。由于既不是下乡知青，又没有真正农业户口，他再一次被挡在了大学校门之外。

经过"文革"期间两次高考"失败"，彼时的迟云飞对上大学死了心，此后一直在乡村粮库做临时工。不过，他喜欢读书的习惯没有改变。当地并没有多少书可读，粮库里仅有的几份报纸，《人民日报》《红旗杂志》《黑龙江日报》，都是他的"课本"。

1975年，迟云飞被分到了粮库技工组，负责发电、器械制造、维修等工作。为了弥补理工科知识的不足，他决心学机电制造方面的知识，为此专门到城里书店买了一本清华大学的教材——《半导体物理》，坚持在做中学、学中做。

1976年"文革"结束，中国的历史翻开新的一页，无数人的命运也发生了转折。1977年，恢复以文化成绩招生的高考制度。此时已经在乡村粮库干了六年活、从"童工"变成了一个壮汉的迟云飞，决定第三次报考。

"我只想考上，无论什么学校，只要有个正式工作，能脱离农村，能有个养家糊口的职业就好。"回忆这段往事时迟云飞说，看了那么多书，也不知道外面的世界究竟是什么样？恐怕还是要走出去，亲眼看看才知道。

凭着前些年在乡村从不间断的刻苦学习，迟云飞脱颖而出，考上了哈尔滨师范大学历史系。来之不易的机会更值得珍惜，进入大学校门的迟云飞拼命地学习，希望把被耽误的时间补回来。

正因为这次特殊的高考，年纪参差不齐的学生一同走进了大学课堂。其中，有些同学甚至比迟云飞大10岁，整天和他们在一起学习、生活，谈天说地、讲古论今，迟云飞收获颇多。

"他们受过良好的中学教育，而后'上山下乡'，阅历丰富，有追求有理想，他们很多人的水平做我的老师完全够格，甚至绰绰有余。"迟云飞说。

三、不惧病魔，只为看到学生有所作为

如果不是与照片对照着看，谁也不会想到，眼前这位年近六十、身高一米七有余、精神矍铄的大学教授，竟然比几年前瘦了将近20斤。减重20斤对于年轻人来说尚不容易，更何况是年过半百的人。

改变，源于三年前一场突如其来的重病。

2013年的春天，正在苏州出差的迟云飞突然感觉身体不适，"一时间说不

为学刻苦好钻研　为师友善德望高
——记迟云飞老师

出话也动不了,整个身子感觉僵了,呼吸也不畅通、很困难。"幸好有学医的妻子在身边,当即拨打120。几分钟后,在苏州当地救护人员的帮助下,迟云飞及时住进了医院。

虽然抢救及时,从最危急的情况中脱了险,但"急性脑梗"导致迟云飞在短时间内无法恢复语言能力和肢体协调能力。

面对突如其来的打击,迟云飞和家人并没有因此而一蹶不振。回到北京后,他住进了康复医院,开始系统的康复训练。在寒冷干燥、房间拥挤的条件下,坚持每天进行四小时左右的锻炼。

抬手、抬腿、翻身,在常人看来再简单不过的肢体动作,对于患过脑梗的迟云飞来说,每一次练习都异常吃力。经常折腾大半天、出了一身汗,腿也没抬起来。

来自家人的鼓励和支持,给了迟云飞莫大的关爱。爱人张淑翠女士在其住院期间当起了"全职护工"。"我想着要是能住进医院就好了,照顾起来更方便,但医院这边不让住。"张女士说,由于医院规定不允许,只得每天往返于西三环和南三环之间,风雨无阻。

重病之中的迟云飞为了不影响学生们的学习与生活,刻意对他们隐瞒了消息。几名研究生由于经常与他进行学术上的交流,一直都保持着密切的联系,此时突然许久得不到老师的音讯,颇感意外。

"不久前我才把自己写的一篇文章交给老师看,怎么老师还没有通知我来面谈,是不是有什么事情?"正攻读博士学位的周经纬首先起了疑心,于是找来几个同学商量了一下。他们主动联系师母,询问老师近况,才得知原来老师患病在床。

消息一传十、十传百,很快,迟老师生病的消息传到了学院里,许多学生和老师都为之牵肠挂肚,很多已经毕业的学生也打来电话问候。

刚毕业不久、在《经济日报》社工作的徐达,主动提出要去医院探望老师。不少在读学生、毕业生也纷纷表示要前去探望,或托人代为问好。迟云飞的博士生、现在华南农业大学任教的曲霞更是放下手头的工作,从广州坐飞机来北京看望老师。

"迟老师生病了,牵动了这么多人的心,可见他师德高尚、受人尊重。"硕士生彭兰说。"之前在不知情的情况下我把自己的文章发给迟老师看,后来迟老师答复我等身体好点再帮我看,实在太感动了。"硕士生孟原芳说。

一时间，对迟云飞的关心和称道之辞从四面八方传来，分布在全国各地的毕业生纷纷要求来看望他，都被迟云飞和家人婉言谢绝了。

"我不希望自己的身体情况影响到大家的日常工作学习。学生们都是祖国的栋梁，正为社会创造价值，看到你们在各自的工作岗位上发光、发彩，做老师的发自内心替你们感到骄傲。"迟云飞说。

功夫不负有心人，在迟云飞本人坚强意志的支撑和家人悉心的照顾下，他逐渐从不能翻身到能下地走路、从手指不能动到能够缓慢打字、从说话困难到能够重新走上讲台。身体恢复健康对于迟云飞与家人，对于学生、学院、学校乃至整个历史学界来说，都是一笔宝贵的财富。

如今，身体已大致恢复如初的迟云飞，比以往多的是科学合理的休息、适当强度的工作，不变的是对工作的热爱和对学生的关心。

（历史学院）

千教万教 教人求真
——记刘善红老师

刘善红简介

刘善红，1963年6月生，首都师范大学外国语学院英语语言文学系副教授、硕士生导师。1988年毕业于中国社会科学院研究生院新闻系。曾任职于新华社。主要研究方向：英语编译、翻译理论与实践、英汉比较研究。在国家核心期刊发表论文多篇，独立完成译著多部。

师德风采录

"刘老师,您最近有空吗?我想跟您聊聊……"

"孩子,我有空!"

这样的对话在刘善红老师近二十年的大学教书生涯中已经司空见惯。每当此时,只要不是在上课,她一定会放下手中的工作,尽可能早地与学生面谈,或答疑,或解惑。因为她深知生命原本是奇迹,每一个孩子都是一个独特的世界。她要了解他们,理解他们,开启那一扇扇心灵之窗,让阳光照射进去。她常说,"我相信,一片草叶并不比运行的星星渺小"(沃尔特·惠特曼)。

我们这个多元化的、不断变化的时代对教育工作既提供了机会又提出了挑战。新时代大学生的思想观念、行为模式与他们的父辈相差甚远。在学生中开展政治思想、道德品质教育工作乃至心理辅导十分必要,其广度和难度更是前所未有。在多年的教学实践过程中,刘善红老师一直本着寓育人于教书的理念,一刻不忘育人的重要。她利用课余时间接待各种各样的学生——教过的没教过的,认识的不认识的,本系的外系的,本科的研究生的……他们的问题要么源于成长过程中的烦恼,如恋爱、人际、如何融入社会;要么源于学习方面的困惑,如学习方法、自我教育、就业走向、考研方向、出国途径等。更有学生愿意和她探讨人生中一些重大的话题,如生命的意义。她从不认为这是浪费时间,因为她懂得"士先器识而后文艺"的道理。她始终认为,身为"人类灵魂的工程师",只教书不育人绝不是一个称职的教师。

多年来,刘善红老师通过多种形式来贯彻她的理念。比如,她每年都为学生开办德育方面的讲座。自2000年以来,一年一度的新生入学教育讲座成为外国语学院的保留项目。该讲座的目的和初衷体现在讲座的标题上——"珍爱生命,热爱读书",即从宏观角度对入学新生进行、如何做人、树立远大理想以及读书等方面的引导和教育。然而,随着时代的发展,大学生生活和问题的日趋多元化,该讲座的主题也在不断扩大,从如何度过大学四年的读书生活到具体的专业学习方法;从如何准备考研到出国乃至就业咨询均有涉及。她摒弃枯燥乏味的灌输和说教,辅以大量极具说服力的实例,采用师生互动的方式,并配合极具鉴赏价值的音乐及影视作品,确保讲座收到最佳效果,受到历届学生的欢迎和认可。不少学生在大四毕业时说,他们对大学四年的很多专业课程的印象都模糊了,但他们永远不会忘记刘老师的"大学第一课:珍爱生命,热爱读书"。

在日常教学过程中,刘善红老师经常利用业余时间与学生们谈话并把德育纳入她的课堂教学之中，不失时机地引导学生，她涉及的主题有两大方面：

(1)立业先立人，引导学生如何做人。

"士先器识而后文艺"是中国近代著名教育家李叔同先生的教育理念。换言之，就是首重人格修养，次重文艺学习，这也是她多年奉行的德育原则。她告诉学生们人生在世最重要的事情不是幸福或者不幸，而是不论幸福还是不幸都保持做人的正直和尊严。读书的目的是什么？育人的目的又是什么？按照中国传统的回答"读书明理"来看，读书的目的就是为了学习做人的道理。关于这一点，《大学》开宗明义："大学之道，在明明德，在亲民，在止于至善。"读书人不仅要使自己内在的修养达到很高的境界，还需兼济天下，还要"亲民"，把自己的学问修养和光同尘溶于百姓，造福于人类，造福于社会，最终"止于至善"。这样内圣外王的修养和学习渐渐达到至善至美的境界，是中国古人读书的目的。相形之下，现代人读书的目的是什么呢？为了谋生，为了上大学，考研究生，出国留学，为了一个好的职业，有一份高薪，过好日子……这是家长、老师、社会对下一代的期许。

因而我们的教育就变得十分功利化，只注重知识技能的传授，而对于文化底蕴的奠定，对于人格的提升，对于社会责任感的培养都非常缺乏。所以狭隘的教育概念导致了狭隘的教育内容，而狭隘的教育内容培养出来的人才不可能是高素质的人才！由于学习目的不明确，学生们常常感觉前途渺茫，才会困惑，看不清自己，人云亦云。

她经常告诫学生们真正成为自己并不是一件容易的事。世上有许多人，你可以说他是随便什么，例如是一种职业、一种身份、一个角色，唯独不是他自己。在茫茫宇宙间，每个人都只有一次生存的机会，都是一个独一无二、不可重复的存在。我们活在世上，不免要承担各种责任，小到对家庭、亲人、朋友、工作，大到对国家和社会。这些责任多半是应该承担的。不过，我们不要忘记，除此之外，我们还有一项根本的责任，便是对自己的人生负责。不仅如此，对自己的人生的责任心是其余一切责任心的根源。一个人唯有对自己的人生负责，建立了真正属于自己的人生目标和生活信念，他才可能由之出发，自觉地选择和承担起对他人和社会的责任。

(2)指导大学生活，包括学习方法、自我教育、人际关系、就业走向、考研方向、出国途径……

师德风采录

由于学习目的不明确，缺乏学习的动力，不少大学生会因感觉前途渺茫而困惑，学习主动性极弱。她经常告诫学生，一切教育都可以归结为自我教育。学历和课堂知识均是暂时的，自我教育的能力却是一笔终身财富。经验证明，一个人最终是否成材，往往不取决于学历的高低和课堂知识的多少，而取决于是否善于自我教育。在她看来，一个人在大学阶段培养起了自主学习的兴趣和能力，找到了真正吸引自己的学科方向和问题领域，他的大学教育就可以说是出色地完成了，这一收获必将使他终身受益。在与学生们的交流过程中，刘老师经常引用英国教育家赫伯特·斯宾塞的话——"教育的最高目标，应该是培养一个能够自治、自省、自我教育的人。"为了提高学生的自主学习意识和自主学习能力，刘善红老师每年都为三年级学生做题为"语言与文化——漫谈英语学习方法"的讲座，同时为四年级学生开设题为"读书必须落实到笔头——漫谈英语本科专业的翻译学习"的讲座。

在刘善红老师近二十年的教书育人生涯中，她始终牢记中国著名教育家陶行知的一首小诗，并时时以此鞭策自己——

千教万教，
教人求真；
千学万学，
学做真人。

（外国语学院）

爱操心的"朱妈妈"
——记朱锦老师

朱锦简介

朱锦，1956年10月生，教育部外语教学委员会德语教学指导委员会委员(2007—2013年)、全国翻译考试委员会专家委员会委员（2010年至今）、全国德语专业八级考试中心主任（2008—2014年）。1980年毕业于天津外语学院德语系，获本科学位，1989年毕业于北京外国语学院德语研究生班，1995年毕业于德国柏林洪堡大学，获德语语言学硕士学位，1999年毕业于德国柏林洪堡大学，获德语语言学博士学位。2000年起在首都师范大学外语学院德语系任教，2001年起任首都师范大学外语学院德语系系主任。有代表性论文和专著二十余篇（本）。

朱锦老师退休前担任外国语学院德语系主任、专业负责人十二年，为德语系本科建设做出了突出的成绩。在每年的全国德语四、八级考试中，德语系学生的成绩高于全国平均成绩的20%—30%，2013年德语专业八级考试成绩及格率100%（全国平均及格率为67%）。这些成绩的取得，与朱锦老师的辛苦努力、默默奉献是分不开的，她极为重视本科教学，狠抓教学质量，严格学生管理；卓有成效地建设全国高校本科专业八级考试中心，并带领全系教师努力提高学生的专八成绩；积极开阔学生的知识面和国际化视野，推荐学生出国深造、请国外高水平专家做讲座交流。

一、出色完成全国高校德语本科专业八级考试中心建设工作

2007年至2013年，朱锦老师担任教育部外语教学指导委员会德语分委员会委员，2008年教育部外语教学指导委员会德语分委员会任命朱锦老师为全国高校德语本科专业八级考试中心主任，负责全国高校本科德语专业八级考试命题和组织工作。目前全国有84所高校设有德语本科专业，并全部参加专八考试。

朱锦老师带领全系教师，围绕如何提高本系学生的专八成绩一直在做着不懈的努力，他们想方设法向学生讲解、灌输学习的目的意义、方式方法，用先进的手段带领学生多看、多练、多学，在提高学习兴趣的同时，提高学习成绩。在他们的努力下，2013年德语专业八级考试成绩及格率为100%，大大超过了全国平均及格率，学生受益良多。

二、严格管理，狠抓教学质量

作为教授、系主任，朱锦老师一直坚持在一线上本科生的课程，在对青年教师提出管理要求的同时进行言传身教，目的非常明确，就是向管理要效益，向管理要教学质量。德语系的教学管理一直以严格著称，学生们慢慢适应了系里的管理思路，从各方面严格要求自己，不会轻易地放弃每一节课、每一次讲座，会认真地对待每一次测试、每一项要求；学生家长也不会轻易提出"通融学生"的要求，初步形成了老师家长齐心协力促进学生学习成绩提高的局面。近几年来，德语系的招生情况越来越好，学生在校期间参加各种活动频频取得好成绩，综合素质有显著的提高；就业率、出国率在学院名列前茅。

三、重视对外交流，拓宽学生视野

朱锦老师亲自指导对外交流活动，鼓励学生出国留学。目前，30%左右的

爱操心的"朱妈妈"
——记朱锦老师

德语系本科生有机会以公派自费形式到德国不来梅应用科技大学、瑞士图高师范学院、瑞士弗莱堡师范学院、德国康斯坦斯大学学习一年。

朱锦老师每年邀请德国和瑞士大学教授为德语系学生开展外国名师系列讲座，2010 年邀请德国教授做报告 36 场，2011 年 17 场，极大地扩展了学生们的知识视野，提高了学生们专业素质。

四、关心关爱青年教师成长

朱锦老师是一位"爱操心的人"，全系上下，大事小情，都是她关心关注的对象，都瞒不过她的眼睛。对于老中青不同年龄段教师教学科研情况、身体情况的把握，对于青年教师的今后发展方向、如何培养，对于学生在校期间的教育培养、走上社会如何发展，对于毕业多年的学生的成长跟踪……无一不是她操心的事情，无一不在她的关注范围内。

尤其是对于系里青年教师的成长，她更是倾注了大量的心血。人才引进，她要考察人家的学历背景、知识结构、授课能力、思想品德、心理状况、人际关系，等等，反复考察，几近苛刻；教育培养，教师入职后，她的要求明确且严格，发现有人稍有懈怠，她就要反复谈心谈话，了解情况、提出要求，限期改进；解决困难，她更是把青年教师遇到的困难与问题放在心上，无论是帮助调整教学科研的时间，帮助寻找论文发表的地方，还是帮助家中遇到困难的同志，她都全情投入，真诚帮助。因此，朱锦老师努力工作，全情奉献，得到了全系、全院教师的首肯，她成为全系的主心骨，全系气氛和谐，教师勇于进取，乐于奉献，教学质量稳步提升。

此外，朱锦老师在努力完成繁忙的教学、管理工作、行政工作的同时，常年超课时量上课的情况下，仍然坚持科研工作，近十几年来在德国出版了四部德文专著，近五年来在德国发表了四篇有关德语语言学的论文。主编完成三部本科生教材，编写全国本科高年级《德语语言学导论》的教材。主持了全国高校本科专业八级考试大纲的修改工作，并起草新大纲。对全国本科德语专业现状进行调研，并参与调研报告的撰写，于 2013 年获得"全国高等外语教学研究"三等奖。

（外国语学院）

在奉献中前行
——记孙飞老师

孙飞简介

  孙飞，1965年6月生，中共党员，1965年出生于吉林省。1996年南开大学硕士毕业，1999年吉林大学博士毕业，2004年中国科学院博士后出站。自2004年7月至今，在首都师范大学工作，现为管理学院副教授，硕士生导师。

一、学术成就

孙飞老师从教29年以来,长期致力于税收、产权、国有企业及马克思主义基本经济理论等多个领域的学术研究,具有代表性的学术观点或理论创新:一是界定了税负的内涵,区别了税负与税收的关系,从而走出了以往学术界常常认为税负等价于税收的理论误区;二是提出了中国税负转嫁模式;三是提出了中国宏观税负理论模式为 $MT = A \pm B$ 的理论模型;四是在理论上界定了税收人性化的内涵,设计了一套人性化的中国个人所得税制度和个人所得税征收管理制度方案;五是提出并研究了国有企业准租金流失的治理问题。出版《中国宏观税负理论模式研究》《中国税制》《中国股份公司与股票投资实务》《政治经济学》《财政学》《中国经济热点问题》等专著和教材,在《财贸经济》《中国行政管理》《财政研究》《财经科学》《税务研究》《管理评论》《当代经济研究》《经济纵横》《经济视角》《税务与经济》《吉林大学社会科学学报》《吉林工业大学学报》《南开经济研究》等国家和地方各级学术期刊上发表论文近六十篇,多篇文章先后被《中国社会科学文摘》《中国人民大学报刊复印资料》和《经济研究参考》收录。主持过中国博士后科学基金项目、北京市教委项目、北京市中青年骨干教师资助项目等。

二、教学成果

在教学方面,孙飞老师的主要特色是既重视基础知识、基本技能的传授又重视培养学生理论联系实践和创新思维。每一门课程的教学都力争把国内外最新的学术动态介绍给学生,培养学生逐渐学会用经济学的观点和方法来审视、分析和解读中国乃至世界经济运行中出现的各种现象和问题。

孙飞老师的教学内容安排合理,信息大、内容新、讲课非常娴熟,基本脱稿教学,而且极富激情,驾驭课堂的能力强,且课堂管理十分严格,学生到课率几乎是百分之百;在教学准备环节,孙飞老师极其认真,对于难度很大的课程教学,他每讲一次课所用参考书都有多部。如果第二天上午有课,不管课件有多熟悉,一般都要在早上3点钟就起床,反复推敲所要讲授的内容,对于每一个细节从不轻易放过,力争给学生最清晰的表达与讲解,而且每次上课都是早早就来到教室,从不迟到。

为了有针对性地做好教学工作,孙飞老师用了大量时间亲自编写适合我校学生特点的专业课教材或讲义。在我校工作期间,孙飞老师曾给专科、本科和研究生讲授过"财政学""货币银行学""政治经济学""西方经济学""社会主义经济理论与实践""中国经济热点问题""当代中国经济""马克思主义基本经济理论专题""预算与税收"等课程，曾先后主持过"财政学""中国经济热点问题"等多个教材建设项目和教改项目。

自从2004年7月到我校工作以来，孙飞老师在各学期的教学评估中，平均成绩均在95分以上，像"政治经济学2""货币银行学"评估曾获得99.49分、100分的好成绩。孙飞老师的辛勤付出，使他获得了多项荣誉。如2006年、2008年、2014年三次获学校"十佳教师"提名；2012年当选为我校"第六届最受学生欢迎的十佳教师"；2006、2007、2010、2012年度聘期考核优秀；2007—2008、2010—2011、2015—2016学年"优秀主讲教师"；2007年"北京市中青年骨干教师"；2007、2013、2015年"师德先进个人"；2006—2008学年"教学实习优秀指导教师"；2012、2015年"校级本科优秀论文指导教师"；2014年"首都师范大学优秀共产党员"；2014年"优秀研究生导师"等。

孙飞老师经常说：在课堂上讲解学科本身的基础知识固然重要，但更重要的是要培养学生应对未来复杂社会生活的意识和能力，这是教育的本质。

三、教书育人

孙飞老师爱岗敬业，真心实意地关心和爱护学生，以知识育人，以德行服人。他非常重视培养学生树立正确的世界观、人生观、价值观、专业观和就业观。在做班主任期间，他与班上所有同学都谈过话，与每个同学都进行过真正的沟通与交流，了解每一个同学的情况，对一些生活有困难的同学，他不仅帮助同学在心理上树立正确的生活观念，还积极主动地跟学校后勤等有关部门联系，让同学有机会勤工俭学，自食其力。对于性格比较孤僻的同学，他投入了很大的精力让他们尽快融入同学当中。同学犯了错误，他不是简单地批评教育，而是从对学生一生负责的高度来处理问题。

2004年，他所带的班级有一名女同学刚一入学，就因考试作弊受到记过处分，当时这个学生思想压力特别大，孙老师第一时间找到她，认真同她分析这种行为的性质和后果。为了避免学生出现意外，孙老师一连三天白天一直陪着她，晚上安排女生干部陪着她，在此后的四年当中，孙飞老师从未间断过对她的关心与爱护，并引导她坚强地站起来并争取考上研究生。在这位同学饱受七年的痛苦与心理煎熬即将研究生毕业之前，她找到了孙飞老师，含着眼泪对孙飞老师说："我犯了错,我承受了痛苦的七年!但我遇到了您这样的一位好老师也是我的幸运,我希望您能把我的错误讲给首师的学弟学妹们听,让她们不要像我一样!"在这位同学研究生即将毕业找工作期间因为记过处分而到处碰壁的时候,她绝望了!这时孙飞老师时刻关注她(孙飞老师不是她研究生的导师),并激励她说:"二十几岁的年轻人不管犯有多大的错,人生都不会因此而毁掉,要相信自己,路就在你的脚下,今天的苦难就是明天的骄傲,一定要振作起来!"

孙飞老师的思想、爱心一直深深地影响着学生。2012年4月6日,孙飞老师在良乡上完"中国经济热点问题"课以后,一位新生给他写了一封很长的信,信的最后这位同学说:"您与别的老师不一样,我相信您能影响很多人,或许能改变很多人的命运。您在每次上完课后同学们都能长时间地鼓掌,这样的老师我从未见过!"

孙飞老师注重对学生实践环节的培养和管理。2004年9月份,孙飞老师负责政法学院劳动与社会保障专业10名同学的实习工作。这10名同学的实习地点非常分散,实习单位的性质和特点也不一样,孙飞老师为了让每一位同学在实践中得到锻炼和提高,他提出了针对每个人具体特点的严格要求,要求大家在实践中寻找差距,发现问题,而他本人在不到一个月的时间里,先后在北京各区之间往返二十多次,每个学生他都亲自乘公交车到实习单位了解同学们的实习情况及所遇到的问题。那段时间,他常常是早上6点就走,下午5点多才能赶回学校,就这样一直坚持到实习结束。

在指导本科生、研究生毕业论文方面,孙飞老师更是高标准、严要求。在他指导的毕业生做论文期间,每位学生他都能亲自指导20次以上,从论文的选题、资料的搜集、观点的确立到最终成文都凝聚着他的汗水。在他指导的学生中,有多名同学获得了我校优秀毕业生论文称号。

四、严于律己、宽以待人

孙飞老师对自己要求非常严格,严格按照教学规范履行教师职责。在教学中他非常尊重学生,重视学生所提的意见。记得他给管理学院2010级国贸班同学上"货币银行学"课时,教学评估中学生打分94.31分,他觉得自己的教学肯定出了问题,他认真看了每个同学的评语,特别重视同学们所提的意见。在之后的一个学期开学之前,他委托课代表收集同学对他教学的意见,在给这个班上第一次课时，他把同学们的意见全部放在课件上，公开让大家提意见。

还有一次他在给 2005 级法律专业上"社会主义经济理论与实践"课时，有一位同学上课根本不听讲，他严肃地批评了这位同学，这位同学随后不久就在网上公开谩骂孙飞老师，语言十分尖刻，一时间给孙飞老师造成了不小的影响。当别的同学告诉孙飞老师以后，孙飞在那个学期的最后一次课上专门讲了一次应该怎样做人，怎样做个好人，他真诚的话语让班上的很多同学都流下了眼泪。他在给这位同学评定期末成绩时，没有压制她，而是公平地给她打了 86 分的好成绩。

孙飞老师常说："大学是社会的良知，大学教师的天职就是要净化学生的心灵、丰富学生的知识，增强学生的智慧，大学教师要努力成为人类灵魂的工程师。"

（管理学院）

以德育人 暖化人心
——记司冰琳老师

司冰琳简介

　　司冰琳，1977年7月生，首都师范大学音乐学院副教授，音乐学博士。自幼学习小提琴，大学时代渐趋立志于中国音乐史研究。大学毕业考入中国音乐史学家刘再生教授门下攻读硕士学位，同时跟随古琴演奏家朱子易先生学习古琴演奏。2000年至2004年执教于山东艺术学院音乐系。2004年考入中国艺术研究院，师从音乐学家、非物质文化遗产保护专家田青先生攻读博士学位。2007年至今任教于首都师范大学音乐学院。主要从事中国音乐史教学与研究工作，承担国家社科基金艺术学青年项目、北京市属高校青年人才培育计划、首都师范大学青年燕京学者（培育）、首都师范大学哲学社会科学拔尖人才培育计划等科研项目与课题。发表数篇学术论文，撰写教材《中国音乐史普修教程》和专著《一本书读懂中国音乐史》。曾多次担任业内重要音乐会与音乐活动的撰稿与主持。

师德风采录

"唐宋八大家"之首，唐代文学家、思想家韩愈在其《师说》中有云，"师者，所以传道受业解惑也。""传道"传为人处世之道，"受业"授安身立命之业，"解惑"解为人为事之惑。为人师表的这三点优秀品质可以说在司老师身上得到了恰到好处的体现。

司冰琳老师自幼学习小提琴，大学期间渐趋立志于中国音乐史研究。大学毕业考入中国音乐史学家刘再生教授门下，此间开始跟随古琴演奏家朱子易先生学习古琴演奏。硕士毕业后任教于山东艺术学院音乐系。2004年考入中国艺术研究院，跟随音乐学家、非物质文化遗产保护专家田青先生攻读博士学位。2007年司冰琳老师来到首都师范大学音乐学院工作，曾先后承担过"中国古代音乐史""中国近代音乐史""民族器乐发展史""古琴音乐鉴赏""20世纪西方音乐""基本乐理"等多门课程的教学，授课对象既有全日制本科生，也有成人大专学生以及音乐辅修专业的学生。司老师非常热爱教育事业，三尺讲台看似虽小，但却责任重大。在教学中以强烈的事业心、高昂的工作热情和认真的教学态度，践行着"教书育人"的职责。她认为和社会上很多用以谋生的职业相比，教师工作是极为特殊的，它之所以让人尊敬，是因为它对于学生品行的塑造和价值观的影响是很深远的，因此在备课时，除了经常思考怎样深入浅出地为学生们讲解音乐的历史、文献以及理论知识外，还不断地问自己怎样能够让这些课程带给学生们启迪和思考。虽然每年讲授的课程都一样，但司老师坚持每周都充分地备课和不断地完善课件，经常更新音像资料，使学生们能够了解最新的音乐学术动态。她的授课深入浅出、信息丰富，得到同学们的高度评价。在2010年和2013年首都师范大学举办的青年教师基本功比赛中分别获三等奖和最佳教学演示奖和优秀奖。2015年北京市普通高等学校公共艺术课展评获得三等奖。2016年夏天，司老师利用暑假时间，为首师大的通识课程录制慕课"中国音乐史"，一共八讲，为首师大网络通识教育做出积极的努力和探索。

司老师秉持着严谨治学、求实求真的育人态度。每周按时为学生们上课，有时常常是过了下课时间甚至过了吃饭时间依旧与学生们探讨。对于学生们课后作业的批阅更是尽心尽力，大到文章的总体构思、布局，小至文中的一个标点符号、一个错别字，司老师都细致严谨地对待。她热爱教育、从严教学的精神让学生们尤为崇敬！有一次学生们交完论文后，因着急修改，司老师批改论文至深夜，并及时给学生发了电子邮件说明论文中的问题，当时学生已经睡着，第二天早晨醒来打开邮件，看到司老师发邮件的时间为凌晨1点24分，

以德育人　暖化人心
——记司冰琳老师

才明白司老师为批完作业而熬夜至凌晨一点多。这种让人崇敬的高尚师德，对一批批学子产生深远影响。

司老师教育学生"以人为本"，因材施教。用心感受每位学生的独特个性与品质，然后通过学生们的不同特点而提出相应的要求。在学习过程中同一届的学生可能在思维模式与学术论文写作风格上存在较大区别，司老师并没有以"程式化"的固定模式来要求学生，而是教导学生应该扬己之长，发挥自身的特点，如有的学生行文辞藻华丽，有的则朴素稳重。面对学生间的差异性，司老师教导学生"文如其人"，每个学生的行文应当有其自己独特的风格、展现自己的与众不同。长远来看，盲目追求整齐划一不仅不合实情，更会限制学生的个性发展。司老师放眼长远、从实际出发为学生着想的教书育人方式将为学生们的未来发展打下良好基础。

在保证教学质量的同时，司老师十分注重科学研究，坚持走教学与科研并重的道路。她一直认为教学和科研是相辅相成的，要想教学工作更加深入，势必会查阅更多资料，看更多书籍和文章，在这个过程中科研意识也会随之而来并逐渐提高。反过来，在进行科研过程中，会不断思考教学所涉及的知识和信息，更加充实完善教学内容。近些年来，司老师有数篇论文在核心权威期刊上发表，如《人民音乐》《中国音乐学》《音乐研究》《音乐艺术》。文章千古事，得失寸心知。作为一名音乐学科学者，司老师非常注重个人的研究在学界的影响，她在科研工作中非常注重论文的学术性和质量，对于历史文献的解读与思考展现出她在其研究领域良好的科研能力。除了写作学术论文外，司老师还不断总结个人的教学心得，并将其归纳整理，阐述自己对于中国音乐历史的认识，积极编写教材和撰写著作。如编写的《中国音乐史普修教程》（2009年8月由上海音乐学院出版社出版，分别于2012年12月第2次印刷和2015年8月第3次印刷），这本书在2010年获得首师大第八届优秀教材奖。2013年4月完成专著《一本书读懂中国音乐史》（2013年4月由中华书局出版，2015年3月第2次印刷。）

在科研课题方面，司老师申报的2010年国家社科基金艺术学青年项目"琴僧：连接古琴音乐与佛教文化的群体"获得成功立项，这是首师大音乐类科研项目首次获得国家级科研课题，这个课题的价值不仅得到同行认可，而且在教育部到音乐学院评审北京市重点学科和教育部一级学科的活动中，获得学界专家们的高度肯定，课题于2013年顺利结项。2010年1月至2012年底，参与首师大教育技术系主持的"应用现代教育技术提升高校青年教师教学实践能力的培养模式研究"项目,参加该项目的多方面培训,并为其录制课程。2012年在首师大校级教学改革与教学研究项目"'中国音乐史'课程教学创新研究"结题验收中被评为优秀。2013年至今,司老师先后获得北京市属高校青年人才培育计划、首都师范大学青年燕京学者(培育)、首都师范大学哲学社会科学拔尖人才培育计划等科研课题。

除了扎实的业务能力外,一名教育工作者必须具有高尚的思想情操。在首师大工作的几年间,司老师积极参加院系组织的各项集体活动,能够在工作最需要的时刻舍小我而顾大局。如2011年5月临时受命为新疆和田来京培训的学员班开设"音乐舞蹈欣赏与编创"的音乐部分,并圆满完成任务。担任2009级和2016级音乐学院学术硕士班的班主任,平时通过开班会、发邮件、短信等多种形式和学生交流,倾听他们的心声,亲自带领学生到首都博物馆参观,开阔他们的文化视野,提高他们从事音乐研究的兴趣。

在教学和科研工作之余,司老师还积极参与社会音乐活动,以一名音乐学者的身份关注民族音乐的传播与推广,经常担任国内重要音乐会和音乐活动的主持人,获得业内好评。2014年至今每年与首师大音乐学院民族乐团和合唱团参加"追梦红楼"音乐会,先后在南京大学、南京艺术学院、南京师范大学、苏州大学、扬州大学江苏五所高校巡演,在中国音乐学院、国家图书馆音乐厅以及在门头沟、密云等地演出,担任音乐会的主持人和古琴声部的演奏。

司老师悉心育人的同时也极为关心学生们的生活,对于学生们日常生活的关心是常有之事。2016年7月暑假,武汉、岳阳一带受暴雨侵袭,当地受灾严重。司老师有一位学生来自岳阳市,在看到洪汛新闻后,司老师第一时间给学生发微信,焦急地询问学生家里情况怎么样,有没有困难,需不需要帮助,让学生感受到浓浓的师生情谊。司老师言传与身教兼备,在毫无保留地传授专业知识的同时,让学生们在无微不至的关怀下感受到崇高的师德和人情的温暖,她为人师表的风范将对学生们的一生产生重要的影响。

司老师总是教导学生为人要求善,做学问要求真。正如她在自己的专著《一本书读懂中国音乐史》的后记中所写,"学问求真、为人求善、生活求美,是我恪守的人生信条。"司老师教诲学生做一个善良正直的人,应将所学知识转化为自己的思想和人生的智慧。遇见一位好老师是一辈子的幸运,司老师就是这样一位良师。

(音乐学院)

严谨笃学 爱驻于心
——记吴雅萍老师

吴雅萍简介

　　吴雅萍，1965年3月生，现为我校数学科学学院教授，博士生导师。1990年获北京理工大学博士学位，博士毕业后在北京应用物理与计算数学研究所从事研究工作并担任副研究员，1997年作为人才引进调入首都师范大学，1998年被破格提拔为正教授。曾先后应邀在美国明尼苏达大学、犹他大学、爱荷华大学等多所大学与国外专家做合作研究访问，并作为中国国家留学基金委资助的高级访问学者在哈佛大学访问一年。作为享受国务院特殊津贴的专家，吴雅萍教授从事非线性偏微分方程的理论研究工作及硕博研究生教学与指导工作。她先后承担了10余项国家及省市级基金项目，在国内外重要期刊上发表论文40余篇，其中在国外SCI刊物发表论文30余篇。自1997年调入首都师范大学以来，她凭着一颗红火的心，把爱的阳光洒向她的事业，洒向她的学生，用严谨的治学态度感染着她的学生。

一、严谨笃学，精于术业

吴雅萍老师曾获"北京市科技进步二等奖"及"邓稼先青年科技奖理论研究奖"，还被评为"全国百名青年科技标兵"。作为反应扩散方程（组）领域的专家，吴雅萍老师一直致力于非线性发展方程波解和平衡解的理论和应用研究，主持和参与了多个全国性或国际性的学术活动，承担多项国家及省部级科研项目的研究工作，每年都应邀在多个国际会议上做学术报告。近年来还多次应邀在华东师范大学偏微分方程研究中心和台湾"清华大学"理论研究中心做系列学术讲座，向年轻学者系统介绍有关波解的稳定性理论和前沿研究课题。2011年她与叶其孝教授等合作出版了学术专著《反应扩散方程引论》的第二版，第二版的亮点之一就是加入波解的谱稳定理论和她本人的一些相关研究成果，该版专著出版后受到同行的高度评价，已成为很多大学的研究生教材和很多学者的工具书。在人才培养方面她也付出了大量精力，对学生严格要求，培养出多名高质量的硕士和博士生。

二、爱岗敬业，无私奉献

吴雅萍老师爱岗敬业，为人师表，认真履行教书育人的职责。她一直承担本科生、研究生的一线教学工作，每年承担的本科生教学工作平均不少于76课时，2006年首次开设学校理科公选课"常微分方程及应用"并连续讲授五年，收到很好的教学效果和学生的好评。2009年以来开设并承担数学科学学院的专业基础课程"常微分方程"的双语教学工作，近三年学生评估成绩均在90分以上。另外，还结合本科生教学工作，她分别主持完成了几项学校的本科教学项目，包括双语课程建设项目和教学改革项目。近年来作为指导教师，吴雅萍老师还指导了多项本科生及研究生科研项目及本科生毕业论文，其中指导的国家级本科生创新计划2012年被评为学校优秀本科生科研项目，并多次被评为学校优秀本科论文指导教师。目前还承担本科生导师和本科生科研立项指导教师工作。

此外，吴雅萍老师注重与学生交流，激发大家的兴趣，乐于带领大家共同探索。吴雅萍老师利用教授"数学分析""微分方程"等专业课的课余时间为本科生开设讨论课，给他们讲解更深入的数学理论、建模思想和前沿的数学领域科研成果。吴老师运用数学分析、常微分方程等初等数学方法，保证了前来听课的低年级学生的接受效果。不少本科生普遍反映吴老师的辛勤付出使自己开阔了视野，增长了对数学分析、常微分方程等数学方法的认识，而且进一步了解了数学方法在实际生活中的应用，增强了学好专业理论的信心。

除承担本科生教学及相关科研指导工作外，吴雅萍老师还承担硕士生的教学和硕士生、博士生的指导老师工作及承担多项国家及省部级科研项目的研究工作。1998年以来平均每学期承担一门研究生的基础课程或方向课程的教学工作，先后开设了若干门研究生基础课程及方向课程，并对研究生的基础课程教学一直采用高标准严要求，收到很好的教学效果。吴雅萍老师平时注意通过课堂教学和日常交流，鼓励研究生在学术上有更高的追求，并注重培养和提高研究生的科研创新能力。

三、爱驻于心，尊重学生

立德树人是老师的首要职责，作为研究生导师，良好的师德是处理好师生关系的基础。良好的师德最根本的一点是爱学生。如果说一个教师很难对自己的学生产生感情，那么她所有的工作就无外乎空中楼阁，拥有良好的师德，就有了解决好学生问题的保证。正是因为认识到这点，吴雅萍老师平时热爱学生，关心学生成长，注重对学生思想、学习、生活的全面引导。

爱心，是想学生所想，不断给学生前进的方向和动力。2002年至今吴老师先后指导8名博士研究生，40余位硕士研究生（其中有15位继续攻读中科院、清华大学和首都师范大学博士学位），已指导完成6名博士生并获博士学位，其中3名博士毕业生已获得国家自然科学基金青年项目资助；已毕业的博士和硕士生中有2人已晋升为教授和研究员，5人晋升副教授和副研究员；1人获得国家优秀青年基金资助，3人主持国家自然科学基金面上项目，至少6人获国家自然科学基金青年项目资助。2004年硕士毕业的王益具有很好的数学天赋和很强的组织领导能力，毕业前他本人曾面临毕业留校从事学生管理工作和报考博士生的两难选择。经吴老师鼓励和强力推荐，他选择继续深造，并于当年顺利考入中科院应用数学所，师从丁夏畦院士和黄飞敏研究员攻读博士学位。2007年王益完成高水平博士论文并获多项科研奖励，现已被破格提拔为中科院应用数学所研究员并入选科学院"陈景润未来之星"计划，2013年获得国家自然科学基金优青项目资助。

吴老师指导的首位博士研究生，在攻读博士学位的第二年因在学术研究上遇到挫折和个人的失落感，对自己的研究能力失去信心，一度想要放弃继续攻读博士学位。吴老师得知情况后,与她就具体学术难题进行了细致讨论,在吴老师不断的鼓励和耐心开导下,她及时恢复信心并专心从事研究,2005年顺利毕业,并获当年首都师范大学优秀博士论文。工作后,她又于2009年被北京工业大学评定为副教授,现为硕士生导师并已获国家青年基金项目资助。

吴老师经常说:"我想尽一切办法引导他们端正态度,努力实现他们的梦想和追求,并尽量把时间还给学生,引导他们自己去体会、去发现、去探索、去实践和提高。我认为:能否取得成功的关键因素只有一个,那就是态度。只要态度端正,认识到位,一切都不成问题!"春风化雨润桃李,一片丹心育后人。教师是一本最好的活教材。言谈举止、德行人格,每时每刻都在影响学生、感染学生。正是由于吴老师具有很强的人格魅力和学识魅力,才能成为学生健康成长的指导者和引路人。

罗丹说:"工作就是人生的价值、人生的欢乐,也是幸福之所在。"吴老师给自己的爱心插上了翅膀,辛勤地工作着,并在属于自己的舞台上为学生播种着快乐。吴老师非常喜爱教师这个职业,做一名学生喜欢的教师是她永远的追求。

(数学科学学院)

抱诚守真　身教胜于言教
——记于祖焕老师

于祖焕简介

　　于祖焕，1963年2月生，现为首都师范大学数学科学学院教师。1981年考入华中师范大学数学系学习，1985年毕业到焦作工学院工作，1991年到复旦大学数学所学习，1997年毕业取得博士学位，之后到四川大学做博士后工作，同时任四川大学数学系副教授；1999—2004年在东北师范大学数学系工作，任教授、博士生导师，2004年来到首都师范大学数学科学学院工作至今。

一、为人师表，教学相长

第一次见到于祖焕老师，是在我研究生入学面试中。于老师，高高的个子，很有威仪，说话很有逻辑性，不紧不慢，没有过多的身体语言，不激动，不张扬。当时面试时，我由于紧张本来准备好的知识，变得一片空白。而于老师则在下面耐心提醒，反复引导，使我紧张的心情平复了好多。

面试之前，我听闻的第一个老师就是于老师。于祖焕老师一直承担基础数学课程的教学任务，承担了许多一年级本科生基础课程的教学任务，如"数学分析"和"解析几何"。这些基础课程往往不是很好讲，不仅是因为内容多，难度大，而且需要老师掌握好一个度，譬如如果老师讲得过于细致，学生可能过多地投入到分析学的各种技巧中，而没有"一览众山小"的宏观观点；而技巧又是必须要掌握的，否则就会出现只能悟其意，不能研其理的情形。于老师善于把握其中的"度"，该学习的技巧要求学生反复练习，该站在较高的观点看问题的时候也循循善诱地引导并给出实例佐证。在课下与学生的沟通，于老师也要反复推敲，认真准备，于老师既站在学生的角度又能够力透纸背说出问题的实质。这些都离不开于老师平日里重视自身专业知识积累，不断改进教学方法的良好习惯。

在研究生、博士生教学方面，于祖焕老师更是亲力亲为、毫不懈怠，不仅开设了多门研究生方向课，还积极组织讨论班，课上认真讲课，课下耐心解答疑问。于老师很负责，即使有时候没有给我上课，也会隔三岔五地主动联系我，为我安排答疑，甚至有一次因为劳累，于老师眼里布满了血丝，但眉眼间却丝毫没有流露出疲惫的神色！在为我答疑解惑的同时，更是深深地震撼到了我。我学到的不仅是知识，更是那永远拼搏的精神！除了答题之外，于老师会认真关心我们的生活状况，及时询问我们是否需要帮助，还会根据我们不同的自身特点为我们提出不同的中肯建议。

除了课堂教学，于老师每年还承担了部分毕业生的论文指导和实习指导工作。每次从选题、材料的收集、初稿写作直到定稿完成，他都做到仔细过问，悉心指导，让学生能很快认识到自己的问题所在，顺利完成论文；于老师对实习生同样给予充分的指导和帮助。

于老师积极参与本科生拔尖人才培养计划，他常利用寒暑假和平时周六日休息时间组织本科生讨论，指导本科生读书、做讲解报告。于老师以生动有趣，深入浅出的方式讲解晦涩难懂的课堂内容，适当引导学生。坚持让学生"自己想、自己做、自己讲"。这样不仅培养了学生独立自主学习的良好习惯，还锻炼了师范生站在讲台上的勇气，加强了师范生的讲课技巧。在学生讲课的同时，于老师以一名教授的身份，扮演学生的角色，认真听讲。以这样不同的视角认真检查学生的讲课内容，并及时提出建议、补充知识点的遗漏及延伸。并从中一直保持着一颗耐心而热烈的心！

比如，于老师指导2010级和2012级三个科研小组申报了科研立项，帮助同学选定研读材料，制订工作计划；指导学生查阅资料和文献，做社会调查问卷，进行归纳整理并撰写科研报告。即使工作再忙、再累，于老师也会努力抽出时间找学生沟通，及时发现学生研究过程中的错误并给予更正。尤其令学生感动的是在项目申请过程中，于老师多次指导他们修改申请书。有一次甚至是在假期周六的早上，老师也抽空指导学生项目。正是有了这样认真负责、尽心尽职的老师，学生们才能顺利并且出色地完成科研工作，并从中学到了课本中学不到的知识与技能。学生通过参与这些活动，动手能力、自主解决问题的能力得到了锻炼，取得了进步。为今后的学习工作打下了良好的基础。

二、极深研几，研精覃思

1854年，在哥廷根大学的就职演讲中，黎曼讲演了《论作为几何学基础的假设》，可以说这是黎曼几何学的源起。该学科的发展，引申出来许多种类繁多的空间，双曲空间就是其中的一个。这种空间由于不易想象，性质繁多，所以需要研究者具备多种数学分支的素养和大胆的想象能力。于祖焕老师在子流形和量子计算方面做了很多研究工作，论文相继发表在国内外相关杂志上，并受到国外同行的关注和引用。与此同时，于老师多次组织并参加了首都师范大学主办的微分几何研讨会，为加强学院学术交流和青年学科人才培养做了很多工作。

当今，科学的进步离不开人才的培养，而人才的培养又离不开好老师的教诲。在研究生人才培养方面，于祖焕老师也同样投入了大量的时间和精力，开设多门研究生方向课和讨论班，积极与同学进行交流和沟通，及时了解同学的学习状况和问题，从正面与学生进行沟通，帮助学生养成良好的学习习惯，树立高尚的学术品位，积极向上的学术价值观，他培养出了多名高素质的研究生。

三、亦师亦父，老手宿儒

梨园行有一句老话叫作"学艺先修身，做戏先做人"。一个人搞科研不仅要具备必要的知识和技能，更离不开高尚的品行和能坐冷板凳的精神。

"读书容易，科研难。读书也许只需要一两个月的时间，而科研需要一两年甚至十年或几十年的时间。年轻时，要多读书，所有的路都不是一下走通的，所有的成绩都是站在巨人的肩膀上取得的。"这句话常常会在于老师的课上听到，于老师说这句时总是面带笑容，眼含寄托，就像是一个父亲对待孩子般循循善诱，认真教诲。"师者，表也，表正则何物不正"，于老师始终把身教重于言传作为信条，为人师表、以身作则，在传道授业的同时，还不忘加强自身的修养。于老师平时为人谦和，总是带着微笑，待人热心周到。无论是自己工作分内的还是分外的，他都积极参与，乐于为老师和学生服务。于老师经常在课下与学生交流，耐心倾听学生的心声，征求学生对自己教学方面的意见和建议，对于学生在思想、学习和生活上的困难，他都耐心解答、正确利导，鼓励学生珍惜求学时光、掌握正确学习方法、培养良好的心理素质、阅读优秀书刊，这些都对学生成长成才起到了重要的作用。

其实，和于老师接触久了，你会知道作为数学研究者最大的特质就是，勤奋。而于老师这种身教胜于言教的教育方式，扎实的工作作风，无私奉献的敬业精神，以身作则的榜样力量深深感动和激励着他身边的工作人员，感染着一代又一代学生。于老师在学生的心中他是一位好老师，在教师的心中他是一位好同事。这样一位有着高尚的职业道德素养，对教育事业无限热情的人民教师，呕心沥血地培养出了一批又一批优秀的人才。

（数学科学学院）

安心教学　乐于耕耘
——记郭健宏老师

郭健宏简介

郭健宏，1973年1月生，理学博士，2003年毕业于南开大学陈省身数学研究所，主要从事凝聚态理论研究。2006年由中科院半导体研究所到首都师范大学物理系工作，先后担任物理系研究生辅导员、教工第四党支部书记、物理系教学主任。迄今，一直承担本科生必修课"固体物理"与研究生专业基础课"群论与高等量子力学"的主讲工作，得到师生一致好评，连续多年荣获首都师范大学优秀主讲教师称号。积极参与物理系本科师范生的特色培养以及竞赛工作，多次荣获"全国大学生物理教学技能大赛优秀指导教师"称号。注重研究生的培养质量，曾获首都师范大学"百川杯"研究生科研奖励优秀导师奖。先后获2012年、2016年首都师范大学优秀教学成果奖。在物理系教学管理方面，工作认真负责，敢于担当，兢兢业业，积极探索和开展教学实践与教书育人活动。在教学科研工作中，注重对青年教师教学能力的培养。负责首都师范大学校内工科实训基地的建设与实施，实训项目多次获奖。曾获首都师范大学优秀共产党员、优秀教学管理个人等表彰。在担任系教学主任期间，物理系先后多次荣获"首都师范大学先进教学管理单位奖""本科生学科竞赛优秀组织奖"等。

师德风采录

郭健宏老师于2003年毕业于南开大学陈省身数学研究所（理学博士），2006年从中国科学院半导体研究所博士后出站到首都师范大学物理系工作。自入校工作以来，他一直承担本科生必修课"固体物理"与研究生专业基础课"群论与高等量子力学"的主讲工作。在平时教学中，他精心备好每一节课，课后认真辅导学生和批改作业，注意将相关的物理学前沿研究成果与课程内容相结合，以研究型视角分析教材、讲授教材，形成了自己的独特教学风格。课堂上他总能循循善诱，讲解生动形象、深入浅出，具有感染力；他特别注重对学生的物理直觉训练，启迪学生的物理思维，注重培养学生学以致用，并利用与课程有关的典型物理学名人、物理史实激发学生对物理学的兴趣与喜爱，不断提高学生运用物理思维解决实际问题的能力。他手写的固体物理讲义，字迹工整，图文并茂，电子课件重点突出，每年都有更新，成为学生们争相复印的宝贝。在他的固体物理课堂上，前几排座位总是供不应求。每个学生都不能轻易地"溜号开小差"，在轻松、幽默的气氛中大家都争着回答问题，因为即使答错了，只要回答得有启发性、符合物理学科特点，郭老师都会加分予以褒奖。每次虽然只是区区的1分或0.5分，但无疑增强了学生的自信，鼓励了学生独立思考。

对待教学，郭老师不但工作热情高，还积极地虚心向有经验的教师学习、请教，取人之长，补己之短，坚持不断学习，不断提高专业文化素养和教学能力。在工作中，他大胆实践，勇于创新，采用质疑问难的方法，有效地唤醒学生的创新意识，选择灵活多样的教学方法进行教学，激发学生的想象力，培养学生的独立思考能力。在教学实践中，郭老师特别注意训练和提高自己的物理语言表达能力，讲课时尽力做到语法正确、合乎逻辑，语言生动、有趣，抑扬顿挫，富有情感，言简意赅。让自己说的每一句话都能起到作用，都能对学生产生影响，在帮助学生积累专业知识的同时，也对学生健康心理的发展具有潜移默化的作用，给学生留下了深刻的印象。学生们普遍反映他知识渊博，教法得当，教学效果好，他连续多年被评为"首都师范大学优秀主讲教师"。

他还在课下抽时间跟学生谈心、交流，了解学生的学习情况和心理状态，征求学生对自己教学方面的建议或要求，耐心解答、因势利导，鼓励学生珍惜求学时光，掌握正确学习方法，引导学生在物理学习过程中注重提高人文修养以及综合素质。这在无形中缩短了师生距离，同时又增进了师生间的相互了解。他对学生的热爱，还表现在对学生的尊重和信任，以及对学生的严格要

安心教学　乐于耕耘
——记郭健宏老师

求。他尊重学生的人格，注意了解学生的个性，关心学生，既统一严格要求，又注意学生的个体差异，区别对待。他关爱每一个学生的学习，特别是差生，使每一个学生都学有所得，不让一个学生掉队。

在紧张的教学与科研工作之余，郭健宏老师服从安排，积极投身于学生培养、教学管理以及教学改革等工作中。他先后担任物理系研究生辅导员、教工第四党支部书记，任劳任怨，无私奉献，扎扎实实做好基础工作。比如，组织支部党员进行政治理论学习并开展讨论，还开展了一系列有意义的党日活动，工作得到大家一致认可。他还积极参与本科生实践训练以及特色培养活动，平均每年指导3—4名本科生的毕业论文。他指导的本科生曾多次获得全国大学生物理教学技能大赛优异成绩。对所指导的研究生，他悉心培养，曾荣获"首都师范大学'百川杯'研究生科研奖励优秀导师奖"，先后获得校级优秀教学成果奖等表彰。

自2011年1月担任物理系教学主任以来，郭健宏老师甘于奉献，始终坚持"以师生为本"的指导思想，关爱教师和学生，以强烈的责任感、使命感、人格魅力和道德风范为物理系的专业发展，为提高物理系本科教学质量竭尽所能。在思想、生活、心理、学习与工作等方面关怀师生，尽力为师生排忧解难。在负责全系教学管理工作期间，他严于律己，认真负责，兢兢业业，与全体教师一道为物理系本科教学质量的稳定与提高默默奉献着。他经常加班加点，研究讨论各种教学工作，在处理繁杂的教学管理事务过程中，做了大量认真细致的工作。他经常深入课堂一线认真听课，特别是青年教师的课，课后与他们诚恳交流，肯定优点，指出不足，同系教学指导委员会成员一道帮助青年教师尽快成长。同时，他还积极探索和开展教学与教书育人实践活动，先后负责并组织实施物理系"教学双推计划"、校内工科实训基地、本科生科学研究与创业计划、物理师范特色实验班等项目的开展。为解决本科生教育实习和专业实习，开辟更多的实践训练渠道，他和物理系相关老师一道积极联系各中学、各公司企业，先后促成16所优质中学与8家企业成为本科生实习实践基地。物理系先后荣获"先进教学管理单位奖""本科生学科竞赛优秀组织奖"，等等。

作为一名普通而平凡的大学教师，他常说："传道、受业、解惑"是对自己最基本的要求；"学高为师，德高为范"是他永远的追求。他安心教学，乐于耕耘；他愿意在教书育人的路上继续探索、继续追求着……

（物理系）

己欲立而立人　己欲达而达人
——记郭长彬老师

郭长彬简介

郭长彬，1968年4月生，2006年7月到首都师范大学化学系工作至今，现任系副主任，教授，硕士生导师。2008—2009年首都师范大学公派赴奥地利维也纳大学做高级访问学者。承担有机化学和波谱解析等研究生和本科生课程教学，主要从事降血脂新药等的设计、合成与构效研究和有机合成方法学研究。主持国家自然基金面上项目和北京市教委科技发展项目各一项，完成北京市优秀人才培养资助项目一项，横向合作课题五项，主持"北京高校化学与应用化学市级校外人才培养基地"和教改项目多项，出版译著一部（第一主译）。

2013年获"师德先进个人"称号；2014年获得"首都师范大学第四届优秀教师奖"；2010—2013年获"优秀主讲教师"三次；2012年获得"北京市高等教育教学成果一等奖"（第五完成人）；"首都师范大学优秀教学成果奖"（第一完成人）等多项荣誉。

己欲立而立人 己欲达而达人
——记郭长彬老师

郭长彬老师,系河北曲周县人,1991年获得河北师范学院化学系理学学士学位;1991－1998年在河北省邯郸市诊断试剂厂工作;2001年获得沈阳药科大学理学硕士学位;2004年获得中国协和医科大学药物研究所理学博士学位;2004－2006年在军事医学科学院毒物药物研究所从事博士后研究。2009年7月至今任首都师范大学化学系副主任。

郭老师以"己欲立而立人,己欲达而达人"作为自己人生坐标的中心点,以此向四周辐射出自身的能量去成就他人,"立己立人"与"达己达人"在郭老师的职业发展中得到高度统一。"教育是成就人的事业,我喜欢当老师。在教育教学过程中,发现自己的点滴付出,为同学们的成长和发展增添了些许正能量,我体会到了快乐和自身价值所在",郭老师如是说。他认为,教学活动要以学生为本,围绕如何让学生容易学、学会用、学会学,来设计和组织自己的教学,教师要做学生学习的"催化剂",助力学生成为人生长跑的赢家。

一、教育是成就人的事业,教学活动围绕学生开展

郭老师说:"教育是一项成就人的事业,是民族振兴、社会进步的重要基石,而我从不后悔选择教师这个职业,我愿做一块垫脚石,我愿成为人类进步阶梯的一角。"正是在这样理想信念的指引下,他坚守在一线教师岗位,无私地奉献自己的年华。教师的人格力量和人格魅力是教育成功的重要条件。郭老师一直秉承自己做人的原则和作为老师的师德要求,他坚信"其身正,不令而行;其身不正,虽令不从。不能正其身,如正人何"。老师是学生道德修养的镜子,教育的方式除了言传以外,再者就是不可忽视身教的重要作用。

他既是以德施教、以德立身的楷模,又是虔诚学习的榜样,他树立了终身学习的理念,拓宽知识视野,更新知识结构。潜心钻研业务,勇于探索创新,不断提高专业素养和教育教学水平,提升为人师表的知识修养和文化品位,提升自己与时俱进的核心竞争力。这份高尚的道德情操还体现在他忠诚地热爱所从事的教育事业,他更热爱他所教的每一个学生,孩子们的成长是他最大的欣慰。只要是学生找他探讨、请教问题,他都会安排时间为他们耐心解答,不论是晚上还是周末休息时间,他从不怕学生打扰,他说学生遇到问题来找自己解答,这是好事,证明他们在思考,在不断学习,更说明自己调动了他们学习的积极性。郭老师更有一颗博爱之心,他给学生提供帮助时,从不会带有偏见,不论学生成绩好或者差,他都能做到平等对待每一个人;他也不会拒绝那些他

没有教过而来找他求助的学生,他曾经多次为考博的化学系学生辅导课程。他一直用自己的行动在践行:做党和人民满意的好老师,做一个心中有国家和民族、有明确的社会责任感和担当的好老师。

二、没有规矩便不成方圆,管理是为更好地服务教学

郭老师自2009年担任系教学副主任以来,工作努力,成绩突出,抓住人才培养质量的核心,强化学生实践创新能力、自学能力和职业技能的培养,重视青年教师教学能力培养,工作成效显著,学生培养质量显著提高。他坚信把管理工作做好了,受益的绝不是一两个人,而是整个群体,科学有序的管理是为了更好地服务师生,服务教学。在承担教学任务的同时,他也为化学系的管理工作和学科建设付出了许多努力。在郭老师的努力下,2012年化学系成功申报并获批与中科院过程工程研究所联合建设北京市级校外人才培养基地。2013年他又主持申报化学系入选第三批本科教学双推计划试点院系,化学系教学工作得到学校领导和专家的肯定。郭老师重视落实教学规范,严格教学过程检查,使学生培养质量显著提高,2012年以来化学系本科生考研成功率、出国率一直名列前茅,多次得到学校表彰和奖励;关心学生就业,积极帮助学生联系工作,成效显著,2012年获得"就业工作突出贡献教师"称号;重视学生实践基地建设,为师范生建设签约教育实习基地学校共12所,为应用化学专业建设签约实习基地5个,化学系学生在国家级和市级学科竞赛方面也取得令人欣慰的成绩。

为提高教学质量,他坚持每年至少组织召开一次全系教职工参加的教学改革研讨会,及时总结当前阶段取得的成效,反思存在的问题,统一思想认识,提出改进计划,有效指导后期开展教学工作,化学系近年来教学取得显著进步。在教学管理工作中,郭老师非常注重制度建设,任职以来出台教学文件二十余项,有效规范了有关教学活动,提升了管理工作效率,鼓励先进,树立典型学习模范,号召集体学习,从而使化学系的学风建设、考风建设和教风建设不断迈向新高。郭老师也分别于2010年、2014年和2016年三次荣获了学校优秀教学管理人员荣誉称号。

三、教学相长而学无止境,科研与教学是相互促进

谈到教学中最有意义的事时,郭老师表示讲课时能把复杂难懂的事情说明白,说简单,让学生理解着学会了、会用了,自己从中就能体会到价值、快乐

己欲立而立人 己欲达而达人
——记郭长彬老师

和成就感。像这样有意义并能让自己快乐的事情，值得毕生去追求。他说自己非常受益的一个词是教学相长，在教育和教学的过程中，自己也在不断成长，有时候学生的一句话就会启发他去从不同的方面去思考问题，在学生的身上他也寻找到很多的闪光点。教学永远没有最好，只有更好，多向其他老师学习、向学生学习，便可以把这种更好无限扩大。

他坚持一切教学活动都要以学生为本。教学要始终围绕"如何让学生容易学、学会用、学会学"来设计和组织自己的教学。教学效果得到学校教学督导和学生的普遍认可，教学评估成绩名列前茅，多次获得校优秀主讲教师荣誉称号。这种尊重学生主体地位的教学方法得到了学生们的高度认可和评价。在教学评估中，学生们对郭老师的主观评价是这样的：郭老师上课认真负责，重点明确，条理清楚，易于同学们掌握；内容具有一定的广度与深度，能适当介绍学科新知识；老师和蔼可亲；老师对于课堂纪律要求比较严格；老师讲课很有经验，讲述明白简洁，深入浅出；能耐心解答学生的问题，乐于同学生交流；上课形式多样，生动风趣；学生能较好掌握课程内容，知识及应用能力得到提升等等，这些评价是对郭老师教学水平的最大认可，也是对郭老师高尚师德的高度赞扬。一个老师把学生的疑难问题解答了、令学生不再困惑了，这就是对学生的最大帮助，如若任其"惑而不能解"，便会使学生逐渐失去学习的动力和兴趣。甚至还有毕业的学生来信感谢郭老师的教诲："感谢您在课堂上将关注、询问的目光投向我们，即使再忙，您都会给我们留出答疑的时间，是您的引导式启发让我们主动参与思考，谢谢您带给我的关心、照顾和感动。无论未来怎样，我将带着这份深厚的情感继续接下来的生活。"郭老师还积极引导学生就业，主动为学生推荐就业。对学生成长有帮助的事情，他都会不遗余力地去做，无论是牺牲休息时间还是付出金钱。

郭老师还有一个身份就是硕士生导师。从事教学以来，他指导研究生成绩显著，已经毕业研究生20名，在读研究生5名，指导研究生发表论文30余篇，申请发明专利4项。科研与教学从来都是相辅相成，高水平科研支撑高水平教学，在教学中对学科理论知识透彻深入的理解，会反哺科研，为科研提供不竭的动力和思路。他认真对待学生的科研工作，从选题、调研文献、归纳分析资料、撰写提纲、完成论文各个环节进行全方位的指导，在这个过程中，他注重培养学生独立思考能力和解决问题的能力，鼓励学生主动探索未知，使学生从中提高独立进行科学研究的能力。他既是学生的良师，又是学生的益友，学生遇到科研中的问题、工作上的难题，甚至是情感上的问题都会来找郭老师倾诉，郭老师会耐心倾听，帮他们梳理脉络并根据学生个人情况给出指导性建议。许多进办公室时一脸凝重的学生经过郭老师的指导与帮助，在离开办公室时都展开了笑颜。

四、牺牲小我去成就大我，扮演好人生每一个角色

人到中年都是上有老，下有小。工作、生活和家庭都需要兼顾，不同的环境有不同的角色，而这就是人生角色的多样性。在学校郭老师是一位好老师、好领导、好同事，在家里他也是一个孝顺的儿子和慈祥的父亲。除了要完成繁重的工作，郭老师还要照顾瘫痪在床的父亲，照顾家庭和亲朋等，他说只有兼顾好家庭保证后方稳定才能做好其他工作。他始终自觉坚守精神家园、坚守人格底线，把培养人放在第一位，哪怕自己少休息，也要坚持把各方面的关系协调好，把本科教学工作做扎实，让研究生的科研能力有所提高，努力使系里工作有秩序、正常运转，取得令领导和师生满意的成果。就如郭老师所说，要做一个有责任感的人，不逃避责任，勇于担当。

（化学系）

拨云见日 矢志不渝
——记姚云志老师

姚云志简介

姚云志，1978年4月生，首都师范大学生命科学学院教授，博士生导师。北京昆虫学会理事、中国昆虫学会理事。2007年来到首都师范大学生命科学学院从事动物学的教学及昆虫演化的研究工作。2009年、2010年两次前往美国做访问学者。现已发表学术论文43篇，其中SCI论文37篇。先后主持国家自然科学基金、"973"子课题等科研项目共9项。先后获得"北京市科学技术一等奖"（排名第二），"霍英东青年教师基金奖"，中国昆虫学会"优秀青年奖"和北京市科学技术协会"北京青年优秀科技论文一等奖"等科研奖项共6次。2012年获共青团首都师范大学"青年标兵"称号；2013年获得"师德先进个人"称号；2014年获最受学生欢迎的"十佳教师"称号。2013年获"青年教师优秀教学奖"；2012—2014年，连续三年被评为"优秀主讲教师"。

而立之年,他选择来到首都师范大学任教。风雨十载,一支粉笔、两袖微尘、三尺讲台上的他用言传身教带给学生人生的哲理和丰富的知识。在教学改革的路上,他反复琢磨,换位思考,只为打造一门不仅"知物"而且"知人"的自然科学课程。在科研创新的路上,他不断摸索,博采众长,只为提供更加科学、有力的实验证据。在育人品德的路上,他深入了解,因材施教,成为学生心目中可以聊人生、诉烦恼的"灵魂导师"。他,就是首都师范大学生命科学学院"无脊椎动物学"课的主讲教师姚云志。

一、对待科研和教学——一丝不苟,脚踏实地

姚云志老师自 2002 年开始,就从历史发展的角度,对我国异翅目昆虫化石进行了系统分类研究,共涉及 5 个次目,建立了 4 个新科、49 个新属、55 个新种,并且初步证实中国北方是异翅目昆虫一个重要起源和演化的中心。他还首次在我国古昆虫学研究中将现代昆虫和化石昆虫的形态数据相结合进行了支序分析,初步重建了蝽次目、臭虫次目、细蝽次目、蝎蝽次目中重要代表类群的系统发育关系。

2007 年,姚云志老师从中国农业大学博士毕业,同年,加入到首都师范大学生命科学学院的师资队伍中。姚云志老师科研功底扎实,专业能力强,综合素质高,是生命科学学院一名非常优秀的青年教师。来校后,他以第一作者和责任作者的身份共发表论文 43 篇(其中 SCI 刊源文章 37 篇),参编专著 2 部,其中英文专著 1 部;获北京市科学技术一等奖(排名第二),第十三届霍英东青年教师基金奖等科研奖项共 6 次。优异的成绩与背后的付出是分不开的。姚老师的家虽然距离学校有大约一小时的车程,但他几乎每天都是为实验室开灯的那个人,他在科研方面一贯秉承科学严谨的治学态度,对待实验材料更是格外仔细和认真。姚老师分类和鉴定的化石标本不下 3 万片,分化石的效率之高无不令学生惊叹,更是在以实际行动为研究生树立榜样。

2014 年,对姚老师来说是重要且富有特殊意义的一年。人类对吸血昆虫的早期演化知之甚少,原因在于吸血食性的判断往往只是依靠稀缺的化石材料以及单一的形态学特征研究手段。2014 年,姚老师首次综合地球化学中铁元素的差异、比较形态学的研究结果和埋藏方式等多个证据,证明喙蝽是一类吸血昆虫,这一发现比之前报道的最早的吸血蝽象早了 3000 万年。该成果为研究吸血昆虫的早期演化提供了新的研究思路和方法。凭借这篇优秀的极具创新性的

论文，姚老师在2015年获得了北京昆虫学会第十四届青年优秀科技论文基础研究类特等奖和北京市科学技术协会第十三届北京青年优秀科技论文评选一等奖。

除了科研方面取得的优异成绩，姚老师在教学方面也颇为用心。他对"无脊椎动物学"这门课程有着自己独到的见解，虽然这是一门自然科学课程，但经过深刻反思和研究，结合当代大学生的特点，在立足于动物学基础知识的基础上，他努力改革教学内容和方法，将中国优秀的传统文化渗透到教学中，以自然科学知识和人文知识的交叉点为切入点，以中国辉煌灿烂的传统文化来激发学生们的民族自豪感和爱国情怀，以古圣先贤的典籍、事例来扩充学生的知识背景和思维视野，从而最终达到培养学生独立思考能力，做到不仅"知物"而且"知人"。他带领学生发掘课程中的人文内涵，提升学生的人文素养，激发学生的学习兴趣，引导学生去寻找属于自己的精神家园，鼓励他们勇敢地追寻自己的梦想。

更令人感动的是，即使这门课程他已经教了近十年，可在上课之前他还是会专门抽出时间重新整理课件，更新教学内容，认真备课。他充分准备好每一节课，只为在课堂上以饱满的情绪、清晰的思路、生动的语言，为学生呈现一堂幽默风趣、内容丰富、富有启发性的课程。他不仅注重对学生知识的传递，同时还把对学生世界观、人生观、价值观的指导巧妙地穿插在教学之中。2009级的一位同学在课程评价中这样写道："他是个诗意且写实的教学者。在质疑与创新中教授，注重实际应用和能力的培养；与此同时，姚老师很看重我们的人生理想的规划与设计，鼓励我们勇敢地追寻自己的梦想！"2011级的一位同学写道："教书育人，宣扬文化精神，在这个学术性的学科里，能学到一种情怀，实属不易。"

姚老师的课堂教学得到同学们一致的认可和欢迎，在历年教学评估中学生评分均在95分以上，2013年的教学评估得到全体学生(共46人)的认可，评估成绩为100分。姚老师的辛勤付出也得到了大家的肯定，2012年，在"五四"表彰中，获共青团首都师范大学委员会颁发的"五四青年奖章"；2013年获得"师德先进个人"称号；2014年荣获最受学生欢迎的"十佳教师"称号和"青年教师优秀教学奖"；2012—2014年，连续三年被评为"首都师范大学优秀主讲教师"。姚老师于2010年1月被评为副教授，2014年1月破格提为教授。

二、对待每一位学生——春风化雨，润物无声

除了科研和教学任务，姚老师还承担了生科院 2008 级三个班级的班主任工作。在班主任工作中，他一切工作以对学生负责为出发点，尽职尽责，从不计较个人得失，真正做到用"心"去引导学生。他的努力和付出赢得了 2008 级每一位学生的心，学生们亲切地称他为"姚哥"。用心付出也换来了真情回报，他所带领的学生获得过全国"挑战杯"一等奖；首届"华文杯"全国高师院校师范生技能大赛特等奖；北京市"先锋杯"优秀团支部等。值得一提的是，在这 108 名毕业生中，有 39 人考取了国内研究生，有 10 人拿到国外大学研究生的录取通知书，2008 级毕业生考研出国率达到 45％。

据一位目前留校做辅导员的 2008 级学生回忆："'姚哥'当时约了全年级 100 多个人去找他单独谈心。只要他有空闲时间，同学们遇到任何问题都可以找他倾诉，寻求帮助。'姚哥'对每一个学生都非常关心，还经常会去男生宿舍和男生沟通，融入他们的生活中。'姚哥'作为班主任，从大学一年级入学后给我们最大的影响就是他一直在强调梦想，他说，我们的大学一定要树立一个理想，要勇敢追求自己的梦想，没有梦想的人可能就跟咸鱼差不多，要树立目标然后去实现它。我觉得这个引导特别好，对我的影响很大，我现在做了辅导员以后，也会在我的学生一入学的时候就要求他们去思考这些。人生最重大的问题就是我的理想是什么，我最想要的是什么，我大学要如何做才能够实现这个目标。所以我觉得这个影响是很深远的，'姚哥'肯定不止影响了我，至少是我们那一级所有同学。在毕业之后我们都或多或少地能够更贴近自己理想中的生活，对自己的管理、对自己的梦想的树立也会更加明确。"

除了对 2008 级本科生产生了深远的影响，姚老师作为"无脊椎动物学"的授课教师给同学们留下的印象也同样深刻。连续几年的教学评估中，学生的评语里最常出现的都是"风趣幽默""内容丰富""气氛活跃""因材施教""人生导师""鼓励学生独立自考"等关键词。这些还不足以说明学生对姚老师的喜爱，2014 年，学院推荐姚老师参加"十佳教师"的评选，恰逢姚老师生日，同学们兴奋地为姚老师秘密策划了一次生日会，从前期的采访师生、布置教室、征集"写给姚老师的一首诗"、绘制文化衫、邀请王润老师制作生日蛋糕，到跟拍摄像，按照路线把姚老师带到指定位置，再到集体合唱《姚哥去哪儿》，特邀姚老师的儿子为爸爸送上生日祝福，再到后期剪辑、编辑，整个活动的核心团队有 20 余人，此外还有 80 余位同学自发参与到生日会送惊喜的活动中来。大家的热

拨云见日　矢志不渝
——记姚云志老师

情高涨都只因一个原因：对姚老师满满的爱！姚老师在收获惊喜与感动的同时，还不忘对大家表示感谢，他说："谢谢大家！谢谢大家！你们太了不起了。我没想到会是这样一种情况，不过我很开心，太感谢你们了。这可能是作为一个老师最大的成就！"就是这么朴实的一句话，让同学们看到了姚老师的质朴与可爱，让同学们感受到了教师是太阳底下最光辉的职业！

三、对待做人做事——谦谦君子，卑以自牧

熟悉姚老师的人都能感觉到他是位低调的人。如果不是查看了姚老师的获奖经历，谁又能想到如此谦卑恭谨的人背后有这么多荣誉。年长的同事都喜欢亲切地称呼他"小姚"，既是因为他年轻，也是因为他的平易近人。

无论是教导学生还是教育自己的孩子，姚老师都喜欢引用《弟子规》中的古句，可以说，姚老师也是一直按照《弟子规》来要求自己的。这就不难解释为什么他是一个淡泊名利、志存高远的人。在他身上，我们更多地看到的是他对教育理念和思想的传播，是切实为学生考虑，想要帮助学生度过有意义的大学时光的那颗善良的心。

科研团队的领导对他也有很高的评价，任东老师曾经在一次院系采访中这样评价姚老师并且提出了希望："国内外同行都非常认可姚云志的科研工作，他作为唯一的副教授，顺利拿到了973课题子课题的项目负责人，也说明他的科研能力得到了认可。姚云志同志是一个很全能型的战士，不仅是当班主任、做科研，对院系里的一些任务也完成得非常好。希望小姚继续努力，后面还有更高的台阶等着他去攀登。以后要多承担，对院系的发展和学校的发展做出更多的贡献。"

姚老师爱岗敬业，为人师表，关心学生，是一位充满使命感与责任感的青年教师。尽管在这个工作岗位上只有不到10个年头，但他在工作中本着对学生、学生家长以及社会负责任的态度，凭借着扎实的专业功底和优秀的职业素养，怀揣着对祖国教育事业的满腔热情，对教育教学内容的不断思辨、摸索、探求，建立了一套弘扬中华民族传统文化，同时达到育人目的的教育理念。真正做到了不仅"授之以鱼"，更要"授之以渔"。

姚云志老师已成为一名学生喜爱，同事认可，领导放心的优秀教师。但人间有胜境，追求无止境。相信在接下来的十年里，姚老师会再接再厉，勇攀高峰，成为一位更有影响力的先进教育工作者！

（生命科学学院）

以实验室为家 以校为家 致力于教学与科研
——记钟若飞老师

钟若飞简介

  钟若飞，1975年12月生，教授、博士生导师，主要从事于多传感器移动激光扫描系统的研制。2005年博士毕业后进入首都师范大学任教，在教学科研方面成绩突出，曾获得"优秀主讲教师"，2次获得"国家测绘科技进步一等奖"、1次获得"国家地理信息科技进步一等奖"、1次获得"军队科技进步二等奖"。主持参与国家"863"项目、科技支撑计划子课题、国家公益性专项等多项重大项目。目前已形成了30余项发明与实用新型专利，在国际国内期刊及会议上发表相关学术论文20多篇。钟若飞教授一直担任研究生"移动测量技术及应用"、本科生"数字图像处理"和"摄影测量"等专业核心课程的教学，注重培养学生的实践能力。

以实验室为家　以校为家　致力于教学与科研
——记钟若飞老师

钟若飞老师是资源环境与旅游学院的骨干教师之一，在教学科研方面成绩突出，曾获得"优秀主讲教师"，两次获得国家测绘科技进步一等奖，一次获得地理信息科技进步一等奖，申请15项、授权11项发明与实用型专利等标志性成果，为学院和实验室的发展做出突出贡献。

钟老师在2005年博士毕业后进入首都师范大学任教，开始着手车载三维信息获取与处理系统的研究，2006年参与国家"863"项目"车载多传感器集成关键技术研究"（No.2006AA12Z324），在项目中担任课题副组长职务，负责课题的具体组织和实施。在系统的研制过程中，形成了近5项发明与实用型专利。2011年，由钟若飞副教授任项目组长，首都师范大学资环学院主持开发研制的"SSW车载激光建模测量系统"产品顺利通过国家测绘地理信息局鉴定。鉴定专家组对"SSW车载激光建模测量系统"项目予以高度评价，一致认为技术成果实现了项目终期研究指标，达到国内领先、国际先进水平。2012年，该成果申报国家测绘科技进步奖，获得"测绘科技进步一等奖"。此后，钟若飞老师继续从事多传感器移动测量装备研究，在室内移动测量、全景测量关键技术等方面均有较多突破。2015年，由钟老师参与的"移动测量型激光扫描系统－R－Angle系列"再次获得"国家测绘科技进步奖一等奖"。2016年，钟若飞老师团队研究的"全景量测与建模关键技术及应用示范"项目申报国家地理信息科技进步奖，获得"地理信息科技进步一等奖"。

钟老师研制的"SSW车载激光扫描测量系统"，目前已经应用于三亚测图、内蒙古、河北石家庄的高速公路改扩建、数字政通公司的部件普查、北京测绘院的地图修测、厦门银锯空间信息技术有限公司的道路设施调查、北京四维图新的高级驾驶辅助系统（ADAS）路面信息采集、北京测绘院的首钢遗址的三维建模，以及2012年与纽约州立大学合作的五大湖生态调查、与纽约高速公路管理局合作的道路资产调查。

"SSW车载激光建模测量系统"对提高我校的科研技术水平，促进实验室的进一步发展起到积极的推动作用。目前，已经建设成为资环学院三维信息获取与应用教育部重点实验室品牌方向。从行业发展方向来看，车载三维技术作为目前测绘界最先进的数据采集技术将会极大地解放传统测绘工作者外业的工作量，代表着今后测绘行业的一个方向。

2012年，钟老师主持国家科技支撑计划子课题"倾斜摄影、地面LiDAR和野外测绘装备国产化"，将继续在测绘装备国产化工作中做出自己的贡献。

师德风采录

在本科教学工作中,钟老师一直担任"数字图像处理"和"摄影测量"等专业核心课程教学。针对地理信息系统专业学生专业要求和今后工作的特点,要求学生不仅要具有扎实的基础理论知识,还要掌握多学科知识,注重实践能力的锻炼和提高,培养学生具有良好的思想素质、道德素质、专业素质、心理素质、创新素质等。为此钟若飞从教学态度、教学内容、教学方法、考试方法等方面进行了有益的探索。

钟老师备课认真,花费大量时间和精力去设计教案,从重点、难点到有关背景和相关资料,都力求掌握准确,了解深入,使自己能教有所得,学生能学有所获。准备充分,授课内容丰富,教学态度认真,教学效果优秀,授课语言精练,具有独特的教学风格。

多年来,钟老师以实验室为家,以校为家,将全部精力用在教学与科研工作中,并且在思想上积极要求进步,在2008年加入中国共产党,并多次被评为"优秀党员"。

总之,从思想、科研、教学等等方面综合比较,钟若飞老师取得突出成绩,是学院青年教师的榜样。

(资源环境与旅游学院)

教学有方造英才　大爱无悔铸师魂
——记刘丽珍老师

刘丽珍简介

刘丽珍，1966年7月生，博士毕业于北京理工大学计算机应用技术专业，教授，研究生导师，北京市高等学校教学名师，北京市精品课程主持人，中国人工智能学会教育工作委员会副秘书长，北京市人工智能学会理事，首都师范大学信息工程学院智能科学与技术专业负责人、智能应用技术学科负责人。

从事一线教学和科研工作30余载，承担了多项省部级科研项目，培养研究生数十人，发表科研学术论文100余篇，其中第一作者SCI/SCIE检索论文5篇。2008年荣获北京市高等教育教学成果二等奖，2009年入选国家和北京市优秀教学团队计划，2014年荣获第九届全国高等学校计算机课件评比一等奖。先后获得"北京市中青年骨干教师"、"北京市高等学校教学名师""首都师范大学优秀主讲教师""首都师范大学优秀研究生导师""首都师范大学师德先进个人""首都师范大学毕业设计优秀指导教师""首都师范大学优秀管理人员"等荣誉称号。

师德风采录

走在首都师范大学北二校区的校园里,人们会遇到这样一位女教师,她中等身材,衣着得体、步伐轻快,淡淡的微笑总是挂在嘴角。跟随这位普通且朴实的教师来到她讲课的教室里,你会感受到她在讲台上的激情飞扬、挥洒自如。她能把深奥复杂的离散数学讲得如庖丁解牛、大繁似简。她自信的神采、灵动的手势、抑扬顿挫的声音、幽默的讲解、巧妙的引导,磁石般吸引着课堂上的每位学子,时不时传出学生们会心愉快的笑声。她,就是刘丽珍老师。一位深受学生爱戴的北京市教学名师。她的学生说:"聆听刘老师的课,如沐春风、如闻琴瑟、如饮甘霖、令人难忘,希望自己将来也能像刘老师那样做一名受学生喜爱的教师。"

一、十年树木,百年育人,师者国之重器

魅力与智慧的积淀,来自于时间的积累,得益于家庭的熏陶。在她的记忆中,作为教师的母亲为人师表,颇有建树,母亲在工作中的辛劳与欣慰、奉献与收获,深深影响着她。从那时起,传承师爱、桃李天下就成为她一生追求的目标,她懂得教师不仅仅是一种职业,教育也不仅仅只是教书,十年树木百年育人,百年大计教育为本。教育承担着为国育才、复兴民族的光荣使命,教师是履行这一使命的忠诚践行者和担当者,是国之脊梁、国之重器。如今,在高校三尺讲台上已经奋斗了30年的刘丽珍老师,从最初刚满20岁的"小"大学教师成长为两鬓渐白的北京市高等学校教学名师、优秀主讲教师、优秀研究生导师,她一直保持着像母亲那种对事业无私奉献、对工作严谨负责和对学生关怀备至的老一辈教师精神。

在教书育人之路上,刘丽珍老师不忘"教育兴邦"的初心,把教书育人当作一种使命和天职,热爱自己的教育事业,挚爱年轻的莘莘学子,享受教学中激情四溢的传道、授业、解惑,更喜欢课下与学生们推心置腹地谈人生,教学生做正直的人、干有益的事、走正确的路,做学生们的良师益友,帮助这些孩子们成为对社会有用的人才。对刘丽珍老师来说,力量的源泉就是来自对学生的爱,爱学生才会爱事业,才会对教育工作保持经久不衰的热情,才会充满奉献精神。

在教书育人之路上,刘丽珍老师坚持"甘为人梯"的精神,甘当铺路石头,甘当巨人肩膀,帮助更多青年学子们走在正确的成才路上,登上更高峰,这也是一名教育者的自豪和骄傲。要做一名好的导师,就需要不断探索和开拓科学

| 教学有方造英才　　大爱无悔铸师魂
——记刘丽珍老师

研究的新领域，更需要培养学生的科研思维和创新能力。这些年刘老师潜心科学研究，主持多项省部级科研项目，发表百余篇科研学术论文，立足创新人才培养，积极响应"在新一轮全球增长面前，唯改革者进，唯创新者强，唯改革创新者胜"的号召，以科研促教学，注重教学和科研的有机统一，将教学过程从注重信息传递转变为师生之间"吸收、内化和实践"的探究式教学和科研创新活动。

一滴水折射太阳的光辉。对三尺讲台的情怀、对莘莘学子的热爱，以及对教育事业的担当汇成她永恒的事业心。2008年荣获"北京市中青年骨干教师"和"校级毕业设计优秀指导教师"，2011年至2013年连续三年被评为"优秀主讲教师"，2013年荣获"师德先进个人"，2014年荣获"优秀研究生导师"，2016年荣获"北京市高等学校教学名师"……这一路走来，众多的"标签"诠释着"教师是阳光底下最光辉的职业"这一经典论述。

二、教而有方，学而有法，贵在授人以渔

多年的教学实践中，刘丽珍老师形成了她对教学工作的深刻理解，摸索总结出了一套有效的教学方法："教而有方，学而有法，贵在授人以渔。"

教师之为教，在相机诱导。作为一名资深教师，刘老师有一套轻松愉快的启发互动式教学方法，结合抑扬顿挫、幽默诙谐的语言，启发学生在学习中思考和质疑，充分调动学生主动学习的积极性，教学气氛轻松活跃，学生们踊跃与老师交流互动，师生共同享受教与学的良好氛围，这也是她最幸福、最值得骄傲的感受。她鼓励学生们通过独立思考和勤学苦练，体会学习中的快乐和成就感，循序渐进地培养学生们的科研创新思维。听过刘老师课的学生们无不喜欢她这种和蔼不乏威严、认真不乏幽默、轻松不乏尽责的讲课风格，她的课堂上很少有学生缺课，她把对学生的"约束力"变成了"吸引力"。刘老师的课不仅受学生们欢迎，也颇受年轻教师们的推崇，他们感叹刘老师"轻轻松松"就能把数学课讲得"清清楚楚"，常有年轻教师到刘老师的课堂上"取经"，甚至有的老师整个学期都和学生们坐在一起倾听刘老师讲课，学习她的启发式教学方法以及与学生们交流互动的教学经验。

多年来，刘丽珍老师特别关注培养学生的自主学习意识和终身学习能力，重视学用转化，使得学生既要乐学，还要善学。她始终强调，学生们只有具备了较强的学习能力，才能受用终生，才能为社会和国家做出更重要的贡献，这

是社会对教育事业的要求,是时代对人才培养的要求,更是素质教育和师德修养的重要体现。刘老师在自己主持的北京市精品课程"智能信息获取技术"的教学中,为了加深学生对理论方法的认识与理解,为了更好地培养学生将理论应用于解决实际问题的能力,带领自己的教学团队花大力气精心设计、组织开展了相关的实验活动。一方面,她将设计的实验内容在课堂上重点讲授,另一方面将相对应的信息获取理论和方法研制成形象生动的实验教学软件,并通过多种媒体的呈现方式,动态地模拟仿真数据的分析过程,生动直观地体现了信息内部复杂详尽的获取过程。与此同时,刘老师还将相关领域前沿的科研成果引入课堂讲授中,启发培养学生对领域前沿知识的了解和掌握,加深学生对多门课程中知识的融会贯通和灵活应用。

俗话说,台上一分钟,台下十年功。多年来,刘老师在教学中用一丝不苟的工匠精神为学生和同事们做出了表率。一直以来,学院的师生们都知道,刘丽珍老师的教学课件是非常精美的,刘老师将"美"的观点引入其中,结合自己多年探索的教法,不断完善课件的教学表现力、趣味性、美观性以及艺术欣赏性。2009年起,刘老师带领团队连续三次带着不同的教学作品参加全国高等学校计算机教学课件评比,最终在2014年从全国数百个课件中脱颖而出,获得全国高校教学课件一等奖中的最高评分。这个奖项由教育部高教司和高等学校计算机科学与技术教学指导委员会联合颁发,在国内具有较大的影响力。教学团队里的年轻老师和学生们都受到刘老师这种不畏困难、锲而不舍精神的鼓舞,这是对年轻人最好的身教。她常说,作为老教师除了要培养好学生们,还有责任和义务带领年轻教师们快速进步和成长,因为这些年轻教师们和自己一样肩负着培养人才的重任,早一天成长起来,就能在自己的工作岗位上多为社会尽一分力量。

三、情系讲台,爱洒莘莘,育才不忘初心

作为智能科学与技术专业负责人的刘丽珍老师,虽然平时教学、科研和行政管理工作都很忙,但她始终记得作为一名教师,最重要的是全方位关心学生的健康成长。有一年专业里有位女同学患了抑郁症,由于多次发病,周围人们逐渐对她失去了耐心,最糟糕的是父母对她也放弃了,这对于一个身患重度抑郁症的孩子来说是致命的,整整六年,刘老师不离不弃地关爱和帮助这个不幸的学生,直到她顺利毕业。这个学生回家乡工作后,有时还会给刘老师打电

教学有方造英才　大爱无悔铸师魂
——记刘丽珍老师

话，述说自己在工作中的困惑和郁闷，刘老师依旧耐心帮助和引导她。师爱无言，师德无涯。

在刘丽珍老师的微信里有个叫作"we are family"的群，这是这些年刘老师团队培养的47位研究生组成的和睦友爱的大家庭，群名是学生们自己起的，在这个"家里"，刘老师无微不至地关怀着每个学生。有一次，刘老师发现自己实验室的一位性格比较内向的学生情绪有些低落，成绩也出现下滑，她立刻找学生谈心。当她了解到这个孩子在情感上有困惑，同时家里母亲也生了重病，刘老师很心疼，一方面从心理上解开学生的心结，另一方面想办法帮助她解决了面临的问题。学生感动地说，在她最无助的时候，是刘老师帮她一扫阴霾，并且指出了一条更好的发展之路。刘老师视学生们如同自家的孩子，无微不至地关怀着他们的成长，她常对学生们说："你们的父母虽然不在北京，但这里有你们的老师在，有困难一定要对老师讲。"在刘老师的实验室，学生们置身其中能感受到浓浓的师生情，已毕业的和在校的学生们每年圣诞节都会与刘老师团队的老师们共度平安夜，师生们坐在一起总结这些年实验室的成绩、同学们的成长经历，共同分享这一年的快乐故事，展望未来的发展机遇，其乐融融的大家庭！

刘丽珍老师对学生、团队和教育事业几十年如一日，呕心沥血，无怨无悔，默默奉献，视教育为最光辉、最神圣、最值得骄傲的事业。多年来，她坚守着教师是学生美好心灵之缔造者、是智慧和技能之传播者、更是理想风帆之导航者的信念，用心培育学生成为社会英才，桃李芬芳满天下是教育的真谛，更是师德最好的诠释。

(信息工程学院)

做自己该做　爱自己所做
——记任剑锋老师

任剑锋简介

　　任剑锋，1973年8月生，1992年在西北师范大学读本科，连年获一等专业奖学金。1996年获校优秀学生标兵，被免试推荐师从著名教育技术专家南国农教授读硕士学位。1999年于浙江大学任教，作为核心力量先后参与申办了教育技术学本科及硕士点，获评教育学院"优秀工作者"。2003年于华南师范大学师从著名教育技术学专家李克东教授读博士学位，获得"学术研究华藏奖"。2006年到首都师范大学任职，现为教育技术系副教授，为本科和研究生主讲多门专业核心课，主持全国教育科学规划等各类课题近20项，发表论文50余篇，出版专著或教材4部，获得"北京市教育科学研究优秀成果奖"、"北京市教育学会电教研究会优秀论文评选"一等奖、校"优秀课程""优秀主讲教师""优秀学生科研指导教师"等奖励。

做自己该做 爱自己所做
——记任剑锋老师

任剑锋，教育技术系副教授，博士。长期从事计算机支持学习和教育信息化方面的科研、教学和基础教育服务工作。在教学一线的岗位上，他始终坚持着"以生为本"的精神，将自己对教育事业的激情、热血挥洒在三尺讲台，倾注于他的学生。

在思想上，作为一名共产党员，始终秉持着党的精神，重视个人修养，严格约束自己，规范自己的行为。作为一名老师，铭记、践行"以生为本，身体力行"的理念，不断完善自己，争取在做人、做事等方面为学生树立起榜样。

在工作中，任剑锋老师始终保持谦逊、认真、自省的态度对待这份神圣的职业。在教学方面，他长期担任研究生和本科生专业基础课、核心课和选修课程，以及通识课教学任务，年平均学时在400学时以上。即使在教学任务非常繁重的情况下，任老师对每门课程，仍然能够精心设计、认真实施。他表示大学老师的责任，不仅在于传播智慧，更在于探索未知领域，创造智慧，大学教师当为学生在有意义的未知领域的探索，树立榜样，为学生抵制浮躁，充分发挥个性潜能去发展和创造而提供潜移默化的影响。他在保证教学质量的同时，踏踏实实地进行本专业领域的学术研究，主持了全国教育科学规划、教育部人文社科和北京市教育规划等级别项目多项。发表学术论文共50余篇，大多得到多次引用，个别文章的引用次数在几年中达到了110次以上。出版专著或主编教材4部，参与编写多部。在我国计算机支持学习和教育信息化领域形成了独特的研究视角、系列的研究成果和较高影响力，获得第六届"北京市教育科学研究优秀成果奖"和"北京市教育学会电教研究会优秀学术论文评选一等奖"等科研奖励，入选"北京市优秀人才资助计划"和北京市"人才强教"骨干教师计划。

在课堂上，任剑锋老师可能并不是最幽默的，但确是让学生最为喜爱的。他的身上透着让学生信服的、儒雅的学者气质，他是先进教育理念的贯彻者，是提高教育教学质量的探索者，真诚的态度、深厚的学养、精心的设计、有效的活动、风趣的语言，获得了众多学生的肯定。他了解学生，所以他懂得如何发挥学生所长；他喜欢学生，所以学生也都很喜欢他；他不是学生学习的支配者，而是学生学术生涯上的一个指引者，在帮助学生打开一扇学术大门后，让学生尽情地去挥洒、去创造。他的课堂，是最轻松的，言行也是最开放的，学生仿佛不是他的学生，而是他的学习同伴，彼此共同学习。他注重实践、注重学生能力的培养，会抓住一切实践的机会去锻炼学生思维、实际运用知识解决问题的能力。

在课堂之外,任剑锋老师是可爱又严肃的,可爱在于他有时候会很迷糊,但碰到学术上的相关事情,迷糊的绵羊又瞬间变成精明的狐狸。

课下的他,会通过各种平台和学生进行随时随地的教学和各方面深入互动,指导学生的科研项目,积极为毕业生深造进行指导或寻求就业机会。学生们普遍感受到他对学术的热情以及对学生细致的关心与帮助,这让学生对这位老师敬爱不已,也很幸运自己在人生的道路上能够遇到这样一位导师。我想这也正是他的人格魅力所在吧!在与学生互动、交流中,潜移默化地影响着学生、引导着学生。在背后如同支柱般默默地支持、帮助着他们。

一个教师的成长等于"经验+反思",任老师始终如海绵般不断吸收着来自社会、生活、实践中的养分来充实自己、调整自己。2009年,他参加了我校赴西北地区的师德学习实践活动,在一周时间内深入学习和考察了定西师专和几所中小学的教学和师德建设情况,他被该地区教师的乐观积极、艰苦奋斗,尽心尽力地为学生服务的精神所深深触动,使其深刻地认识到教师作为"人类灵魂的工程师"所肩负的责任,决不仅仅是传播知识,大学教师的师德和其对师范生的师德教育,也不应该停留在说教的层面。因此经过思考和总结,写出了"以生为本,身体力行"的师德文章,发表在《首都师大》报上,并以此激励自己在教学、科研和社会服务等方面的行为,"身体而力行"着其对师德的理解,力求在青年教师中能起到模范带头的作用。师德是教师之本,2013年,任剑锋老师再次参加了学校组织的赴拉萨师德实践活动,通过对拉萨师专的参观、访谈、讨论会、学习总结会,以及对几所中学的调研,深入地了解了拉萨地区特别是拉萨师专的教育教学情况,这次活动让他更深刻地感受到了什么是奉献精神,什么是一切为了孩子的发展,什么是高尚的师德。生活就是教育,社会即学校,不闭门造车,深入实践当中,从实践中获得反思,而这种反思化为某种思想观念又反过来促进他的教育教学。

在生活中,任剑锋老师属于学习无处不在的人,他不怕辛劳,思想与身体都在运动当中,他总是充分利用时间,不断地给自己学术添油加码,为自己积累经验。他积极参与基础教育服务工作。2006年至2010年,兼职参加了北京市重大基础教育工程"北京市初中建设工程",兼任一所中学的校长助理,深入中学进行教学改进工作,每周平均深入中学两天时间,同时参与其他16所中学的校本教研指导、骨干教师培训、校长领导力发展活动,并主持各校互动的

做自己该做 爱自己所做
——记任剑锋老师

网络支持平台的设计、开发、活动组织和管理工作,为首都基础教育服务工作付出了大量努力,同项目组一起努力使16所学校的教学质量有了明显提高,该项目也得到了多项北京市重要奖励。任老师主持了北京、山东、云南、广东多所中小学的基于网络的校际教师协同发展活动,参与北京市顺义区、陕西安塞县和佳县等多所中学的改进计划和教师培训工作。有时我们会觉得任剑锋老师真有一份古代老学究的气质,我们也会困惑,无时无刻不在进行"研究—实践—研究",他不会很累吗?是什么让他如此执着、专注?其实只要想想他在课堂上激情饱满的风采,好像并不很难回答,是爱吧,是对这份高尚事业、对他所研究领域的热爱。人不负时光,时光也终不负他。在这一片研究领域上终会有他的一席之地,而他的这种刻苦钻研、勤奋敬业的精神也势必会影响、吸引着他的学生跟随他的脚步迈入这片学术领域,为神圣的教育事业贡献一份力量。

(教育技术系)

育人为首 润物无声
——记邹方程老师

邹方程简介

邹方程，1970年9月生，早年于家乡小学、中学执教10年。2003年毕业于首都师范大学书法文化研究所书法方向，文学硕士，导师欧阳中石、王世徵、张同印。现为首都师范大学书法教师，副教授，书法硕士生导师，中国书法家协会会员。北京市高校中青年骨干教师，"北京市基础教育成果二等奖"获得者。在书画频道主讲《兰亭序》16集、行书18集，在国家级精品共享课"书法技能培养"中主讲毛笔书法20课。长期从事高校书法教学与研究工作，书法篆隶草行楷五体皆能，尤善楷、行，出版有《识规律 写好字》《书法技能培养》等专著和教材多部，发表《六朝社会与寒人书法》等论文及作品多篇，书法作品多次参加各级各类专业书法展览。

育人为首 润物无声
——记邹方程老师

邹方程老师自 2003 年到首都师范大学初等教育学院担任书法教师以来，模范遵守法律法规，忠诚小学教育专业教育事业，关心集体，具有很强的团结协作精神。他爱岗敬业，以身作则，为人师表，认真履行教书育人的职责，以高尚的情操引导学生全面发展，具有较强的示范性、榜样性。他模范遵守职业道德规范，严谨笃学，业务精湛，具有严谨自律的治学态度和学术精神。他热爱学生，关心学生成长，注重对学生思想、学习、生活的全面引领。长期坚持本科教学第一线，为本科生讲授多门基础课，教学成果突出，所授多门课程学生评估成绩均高于初教院学生评估成绩平均分。邹方程于 2013 年被授予首都师范大学"德育先进个人"光荣称号。

邹方程老师成长于陕西省镇坪县一个教师家庭，自幼受到严格的德行、文化教育，笃爱书法，立志教育。早年在家乡从事小学、中学教学工作七年，担任过大队辅导员、班主任，教授过数学、语文、自然、地理、音乐、书法等课程，21 岁被评为安康地区"优秀教师"，24 岁获安康地区中学语文教学竞赛三等奖。25 岁到西安求学，师从杨立言、钟明善先生学习书法。28 岁慕名到首都师范大学研习书法，师从欧阳中石、王世徵、张同印等先生。33 岁硕士毕业留校，在初等教育学院从事书法教学工作。邹方程老师把他丰富的人生阅历和教学经验带到大学，不断研究、全力探索高校育人理论与实践，成效显著。

一、教书育人的典范

邹方程老师长期担任初等教育学院多门与书法相关的课程，包括所有学生的通识必修课"教师书法"，美术方向专业必修课"书法基础"、专业选修课"书法与篆刻"，书法兼教方向的专业课"篆书、篆刻与隶书""楷书""行草书"，美术方向研究生"书法"选修课等七门课程的主讲教师。2007 年至 2013 年，听课人数高达 1690 人，五年总共 2756 课时，年均 551.2 课时，高峰时段课表上周课时的就达到 39 节。2014 年以来，同时担任书法文化研究院、初等教育学院书法硕士研究生指导教师，制定"中小学书法教育"方向培养方案，担任楷书、行草书、书法理论、诗词格律等研究生课程授课教师，逐步形成"1 课 1 讲义，学完即会教"的研究生课程授课模式，培养学生的研究、学习、教学实践的能力。同时，独立完成"教师书法"课程建设与课件建设，作为副主编参与国家级精品共享课"书写与书法"的建设，主要负责毛笔书法部分。编写专业教材、主讲示范课程各 20 课时，提供微视频 200 多个，给全国小学教育专业学生提供高质量的汉字书写与书法教材和教学资源。他还担任 2004 级中文 2 班班主任两年，2007 级美术班主任三年，2011 级美术班主任至今，指导美术方向书法毕业创作 14 人。他良好的专业素质，对教育事业的热爱与忠诚，深受学生爱戴与欢迎。

他还长期独自一人举办书法高级培训班，担任墨池书社指导教师，利用课余时间为学生上课，没有进入课表的课程每周平均六课时，经常无法乘坐班车，自己往返于通州、海淀之间为学生书法高级培训班上课，不辞劳苦，不计较得失，为我院培养了一批又一批书法人才。所指导的学生在 2010 年北京市大学生艺术展演中三人荣获四个一等奖；在 2012 年北京市大学生书法艺术节中荣获一、二、三等奖各一名；在 2012 年中国小学教育协会主办的"小学教育专业学生书法大赛"中荣获两个一等奖、两个二等奖、四个三等奖。无私奉献的高尚情操、高瞻远瞩的专业眼光，给初教院的书法事业营造了良好的文化与教育氛围，奠定了良好基础，给学生以潜移默化的人格影响。

二、科研育人的楷模

邹方程老师不仅注重自己的艺术探索与学术研究，在权威核心期刊《中国书法》上发表论文两篇、行书作品一幅；在核心期刊《书法研究》和《书法世界》上发表论文两篇；13 幅行草书作品参加文化部首工美术馆"首都师范大学初等教育学院教师作品展"，合作和独立完成个人著作 19 部，个人独立原创完成合计 66.7 万字；参与编写华文出版社出版的全国小学教材《书法》（学生用）共四册以及《教师用书》北碑部分；参与编写高等教育出版社出版的小学教育专业书法教材《书写与书法教程》，其中"小学书写与书法教材教法"一章、硬笔范字书写属于原创，还执笔编写了篆书、唐楷、北碑和草书三个章节；独立编写语文出版社的全国小学教材《书法》（学生用）三册；2010 年至 2013 年北京市中青年骨干教师资助对象，从事"本科层次小学教育专业书法教育研究"等课题研究。而且特别注重对学生研究能力的培养，2011 年带领本科生和研究生参与农业大学附属小学校本课程《书法》教材共四册的编写，2012 年至 2013 年带领研究生参与上庄中心小学语文写字教材《识规律 写好字》共 12 册的编写，教材均为正式出版物，参与编写的学生名字正式列入编委名单。不仅提高了学生的学习、研究、合作的能力，而且使他们在校期间有了成果，在就业中都起到了至关重要的作用。

| 育人为首　润物无声
——记邹方程老师

2014年以来，他又带领一线小学教师编写《汉字的记忆》，作为与《语文》教材配套使用的小学生课外汉字文化读物，把小学语文2500个常用字的字形演变、字义解析、《说文》含义、常用含义、汉字文化进行图文并茂的逐字解析，总结出汉字解析13种、汉字文化33类，把中国文化之根——汉字文化扎进一线教师的心底，扎进祖国儿童的心底。同时，他又把一线教育的成果带回高校育人课堂，在本科生、研究生中开展背写《说文》部首、以篆书学习为基础带动其他字体书写全面开花等专业学习活动，组织学生到一线听课、代课，学以致用，用以带学，相得益彰，大力培养大学生研究、实践的能力。

在近几年的研究生论文指导中，邹方程老师开创了书法技法科学实验研究的思路和方法，为研究生毕业论文及日常技法学习开拓了新的领域，并亲自撰写文章发表，以指导、带动学生进行技法研究和论文撰写，其中研究生开篇的论文既获得首都师范大学优秀毕业论文，也大大提高了研究者的信心。

三、社会服务的标兵

作为项目具体负责人，邹方程老师组织协调校内外20余名书法专家教授，带领15名研究生、本科生，协调校内外多个单位部门和个人，全程主持、圆满完成了"2012年北京市海淀区中小学书法教师培训"2个骨干班和10个全员班共计250人的培训工作。在整个培训过程中，他是培训方案的核心制定者和执笔人，是全程管理的组织策划人和执行者，又是《书法理论》《笔法源流演变》《欧体楷书》等课程的主讲专家，还是培训三大成果"书法展"、《作品集》《教学设计集》的理论奠基人与实践指导者，同时还是培训中繁杂的教务、财务、总务等工作的主要管理者与实施者。八个月中，他牺牲了大部分休息时间（包括暑假）投入到培训工作中，事无巨细，劳神费力，切实保证了培训工作的质量与顺利完成，其工作及个人受到北京市教委、海淀区教委、海淀区教师进修学校以及中国书法家协会的高度评价，很多培训经验和做法被海淀区教委借鉴和推广。培训工作取得了良好的社会效益，也为学院的社会服务及后续培训工作起到了良好的示范与拉动作用。

他还长期坚持每周到小学一线，听评书法、写字课，进行小学书法、写字教师培训，批改教师作业，带领一线教师编写书法、写字、文字教材，指导学生习字，和一线师生打成一片，成为他们的良师益友。经过长期的努力，他和一线教师一起总结出一整套语文、书法、写字、汉字文化课程整合的方法和模

师德风采录

式,研究出"说写评三位一体"汉字书写教学模式,确立了完整的汉字书写规律,为语文写字提供了具体可行的书写和评价标准,受到北京市教育界专家和广大师生的一致好评。

教学、科研、服务,是首都师范大学初等教育学院赋予教师的三大职责,也是教师考核的三个方面。在履行职责的方面,邹方程老师都把学生放在心中,把育人放到首位,不计得失,默默耕耘,逐步成为一名深受广大学生和一线师生爱戴的好老师。

(初等教育学院)

灿若锦舒 朗若列眉
——记佟舒眉老师

佟舒眉简介

  佟舒眉，1963年11月生，中国民主促进会会员。1989年毕业于北京师范大学中文系，硕士研究生学历。曾先后从教于北京市幼儿师范学校和首都师范大学，现任首都师范大学学前教育学院副教授、基础教研部主任。作为专职教师，她承担过"儿童文学""大学语文""绘本阅读""中专语文""文学欣赏""影视艺术欣赏"等课程的教学任务。发表了《文学教育与人文精神的重建》《幼儿戏剧表演课程研究》《关于中国艺术教育的思考》《浅议风雅精神与国学教育》等论文，参与编写出版了《遇见最美的书》《幼儿园教育活动教师参考用书》《中国儿童文学大系》《青少年读书向导》《中国儿童文学名著阅读文库》等教材及其他书籍。曾被评为"北京市优秀青年教师""北京市优秀教师""北京市中等职业学校市级骨干教师"。

佟舒眉老师现为首都师范大学学前教育学院基础教研室主任、副教授，专业从事儿童文学教学研究，曾先后被评为"北京市优秀教师""北京市优秀青年教师""北京市中等职业学校市级骨干教师"等。

从教以来，她始终以高度的责任感和事业心投入工作，爱岗敬业，为人师表，求实创新，勤于学习，精于业务，乐于奉献，坚持以人为本的教育理念，自觉履行教书育人的神圣职责，不仅做学生认知结构的建设者、学生心智素质的开发者、职业技能的培养者，而且还努力成为学生品德行为的雕塑者和现代教育的探索者。

一、春风化雨，润物无声

捷克教育家夸美纽斯说过"教师的任务是用自己的榜样来诱导学生"。这句话深刻阐明了一个道理：教师劳动所依靠的，不仅是手中的教材、实验室的仪器设备，更重要的是靠自身高尚的人格和品格。一个好的教师，不仅对学生要有学术上的影响力，而且更重要的是要具有人格上的感召力。教师的这种精神魅力，对学生的影响是潜移默化的，是深刻的，是终身受益。它如春风化雨滋润着学生的心田。

在多年的教育教学工作中，佟老师热爱、尊重、关心学生，做学生的知心朋友，善于做耐心细致的思想工作，当好学生身心健康的指导者和引路人。注重言传身教，用人格上的感召力潜移默化地影响学生。她经常结合教学对学生进行爱国主义教育、人生观教育、基本素质教育、青春期教育、师范生意识教育、敬业精神教育、自尊自爱自立精神教育等，帮助学生树立积极向上的人生目标，为学生成为合格的学前教育人才及终身发展打下了良好的精神基础。她曾经多次承担班主任工作，始终把学生的成长和进步看成自己的责任和使命，并在学生的成长和进步中发现自己的意义和价值。她为幼教界培养了许多优秀幼儿园园长、骨干教师。她这种身教重于言教的做事风格，影响了一批又一批学生，并将这种优秀品质代代相传。

教育不是注满一桶水，而是点燃一把火。佟老师用她辛勤的耕耘点燃了学生心中的理想之火，在他们的内心深处涂抹了一种纯净、明亮的人生底色，而这种底色正在学生的成长过程中幻化出绚丽夺目的光彩！

二、潜心教学，精益求精

佟老师具有较为深厚的学术功底，能够将学科知识与教育理论、现代信息

灿若锦舒　朗若列眉
——记佟舒眉老师

技术等有机结合。她认真研究学生，探究教法，注重教学的师范性和示范性，不断从思想观念、知识结构、工作方法和行为方式等方面挑战自己、改变自己、完善自己，力求为学生的终生发展奠定坚实的基础。她先后承担了本科、大中专、成人教育、教师职后培训等不同层次、多门课程的教学任务，在课堂教学活动中永远充满激情，把积极的、兴奋的气氛带进课堂，用充满感染力的语言、动作、眼神，极大地激发了学生渴求知识、努力学习的热情。她积极探索焕发课堂活力、有助于学生能力提高与全面发展的课堂教学的新思路，采用有利于激发兴趣、激活思维、激励探讨的课堂教学方法，建立以自主、合作、探究为主的教学模式，重视综合性学习，培养学生主动思考、质疑、求索以及善于捕捉新信息的能力，并把这种能力的培养定为课堂教学的终极目的。

作为一名文学课教师，佟老师深感我国各级教育中人文教育严重缺失，尝试更新教学内容，努力改变传统的教学方式，开设了真正的文学课。使学生从文学作品中了解生活、感受命运，体会人的心灵的丰富和个性的舒张，引导学生对文学的爱好，为学生提供人文精神品质，或者说是提供精神的家园，使学生了解做人的根本、做人的底线。她还在教学过程中努力创设一个能引起学生积极的情绪和态度体验，从而主动学习的教学心理氛围，使教学达到师生双方都主动地全身心地投入一种艺术创造的审美境界。根据学前职业教育的特点，她还有意识地启发并引导学生在未来的教育工作中积极开展文学教育活动，用美的方式教授美的文学，传递美的信息，培养美的情感，造就美的心灵，从而惠及幼儿，使他们在具备较高人文素养的教师的培养下健康成长。

虽然从教二十多年，但她每次备课都打破原有模式，改革创新，不论是准备课件，还是课堂讲解，都做到了精益求精、角度多变。她的教学工作得到了学校领导、教师和学生的一致肯定，在每一年度的课堂教学评价中，其教授的各门课程的评分始终名列前茅。学生们反映，上佟老师的课得到了美的熏陶、艺术的启迪，是一种享受。

在完成常规教学工作的基础上，她还承担了北京市农村幼儿园转岗教师的培训教学工作，并多次接受区县邀请或学校安排，为远郊区县教师进行专业培训，送教下乡，指导幼儿园教育教学工作，把先进的理念带给了偏远地区的教师。尽管教学内容庞杂、多样，但她仍然周到细致地根据学员的不同特点因材施教，取得了良好的教学效果，为北京市农村学前教育事业的发展做出了贡献。

三、创新思维，探索求新

作为一个有着丰富教学经验的教师，佟老师从不故步自封，她给自己的定位是要成为自身工作实践的研究者和思想者，而不仅仅是贯彻者和执行者。

2009年，佟老师和文科教研室教师凭借自身的专业敏感和专业水准在北京市教委和首都师范大学学前教育学院领导的大力支持和鼓励下，发起并创建了国内同类院校第一家绘本阅读中心。中心着眼于促进幼儿早期阅读，营造阅读社会，进而造福幼儿，造福社会。中心成立几年来，在绘本阅读推广、幼儿园及家庭阅读指导、幼儿教师职前职后学习、社会培训等方面做了大量工作。

在艺术教育在中国受到普遍重视的今天，她敏锐地意识到，长期以来国人关于艺术教育的观念是："艺术教育＝音乐＋美术"。本该在艺术教育中占有无可替代地位的戏剧艺术至今并未得到应有的重视，中国从小学到大学的整个学校课程中，没有戏剧这门课程，戏剧教育完全局限于培养专门的戏剧人才，这在世界上是非常罕见的。研究区别于音乐、美术的戏剧艺术教育所特有的功能与意义，探索适合中国学生的戏剧教育课程模式，对于培养全面发展的高素质人才大有裨益。学前教育学院肩负教育学生和培养教师的双重责任，理应走在课程改革的前列。在充分调研的基础上，她和教研室教师开展了很多工作，尝试开设选修课程，并根据学前专业学生曾接受过较为系统的音乐舞蹈艺术教育，表演欲强、艺术表现力强的特点，组织开展了多次成功的戏剧实验演出活动，她不计时间、报酬地指导学生排演了《雷雨》《日出》《茶馆》等名剧及一些儿童剧，最大限度地调动了学生的学习积极性，真正体现了以教师为主导、以学生为主体的教育原则，使学生在亲身实践中创造性地学习，极大地增强了学生的自信心，丰富了学生的业余文化生活。演出取得了轰动的效果，总结时，很多学生激动地表示戏剧演出活动是她们学生生涯中最难忘、最美好的回忆。

2013年，她又参与了北京市人文面上项目"戏剧教育融入学前教师教育模式的实践研究"，该项目旨在学前教师教育课程体系中开展戏剧艺术教育的实践与研究。对戏剧教育课程资源的开发势必将丰富学前教师教育课程结构，形成学前教师教育课程理论特色，为培养创新型学前教育人才提供理论支持。同时该研究有利于培养学生的综合素质，对学前师资培养具有重要人文价值，也能够极大地促进幼儿园戏剧教育的有效开展。

学前教育学院成立前后，她多次外出调研，参与专业建设、撰写课程方

灿若锦舒 朗若列眉
——记佟舒眉老师

案,在课程建设方面立下了汗马功劳。担任基础教研部主任以来,针对年轻教师多的特点,她注意充分调动大家的工作积极性,鼓励创新意识,通过听课、评课等方式互相交流,全体同事协作努力,很好地完成了教育教学各项任务。

从教多年,佟老师始终工作在教学第一线,出色地完成了教育教学工作,赢得了广大学生的尊敬和喜爱。用全人类最美好的精神食粮来滋养学生,使他们的身心得到健全的发展,为他们的终生学习和精神成长打下良好的基础,从而为中国的学前教育事业贡献力量,造福社会,这是佟老师和学前教育学院的老师们一直努力的目标。

(学前教育学院)

努力、认真,向世界展示丰富优美的中国文化
——记逄岱老师

逄岱简介

逄岱,1970年3月生,教育学硕士。现任首都师范大学国际文化学院本科系现代汉语教研室讲师。长期从事对外汉语教学工作,历经本科一至四年级所有级别教学,熟悉所有初、中、高水平对外汉语课型,长期主讲"中国文化""中级现代汉语""中级经贸汉语""高级现代汉语""高级经贸汉语""现代汉语词汇学""高级现代汉语经贸口语"等课程。曾于2001年赴韩国,2006赴法国等地大学作访问学者,讲授现代汉语、中国文化等专业课程。对古代汉语、现代汉语、中国历史、中国文学、中国文化均有广泛研究,有多种教材出版发行,在各类报刊杂志出版物上有众多论文公开发表,并有相关专著出版发行。善于把握留学生特点采取有针对性教学,善于在汉语教学过程中传达中华文明正能量,起到了文化使者和桥梁的作用,深受学生喜爱。

努力、认真，向世界展示丰富优美的中国文化
——记逄岱老师

首都师范大学国际文化学院教师——逄岱，工作23年来，不曾有一节课的懈怠，认认真真地对待每个汉字、每个词语、每个语言点，并在点点滴滴的语言教学中植入中国优秀传统文化知识，力求授课逻辑严密，力求语言准确、优美、流畅。他对自己的教学工作有着非常严格的要求，时刻要求自己以自身的言行举止诠释中国人的美德；而对待离开父母来到中国留学的各国青年学子，他却有着浓浓的关爱之情，引导他们走向成熟和完善，体现了理解、包容的师长情怀和真挚、无私的赤子之心。逄岱老师在让留学生得到极大的汉语习得体验的同时，带领学生感受到了丰富优美的中国文化。

从1993年至今，逄岱老师在首都师范大学国际文化学院已工作23年。在这期间，他始终坚持在对外汉语本科教学第一线，为本科生讲授基础课。逄岱老师执教的课程从"初级汉语""中级汉语"到"高级汉语"，几乎涵盖所有类型的对外汉语课程，积累了从低到高所有课程的教学经验，建立了完整的对外汉语教学知识体系，从而能够在课程教学中做到心中有数、提纲挈领、总揽全局，使学生学得快、学得懂。

在所有教授过的课程中，逄岱老师对"高级汉语"课、"高级口语"课、"高级词汇"课独具心得。在这三门课程的常年教学工作中，他对教材有深入的理解，总结和积累了丰富的教学经验，教学活动的组织具有自己独特的方法，取得了突出的教学效果，获得了学生们的高度认可，具有极好的口碑和教学魅力。

另外，他在历年教学工作中勇挑重担，每周课时量均达到16课时以上。此外，如遇因工作需要，他每次都能服从领导安排，保质保量完成额外加课的教学工作。而在如此大量、繁重的教学工作中，逄岱老师能取得学生评估平均分超过90分的优异成绩，殊为不易。

逄岱老师之所以能取得学生的信任和爱戴，全在于他自己能够在各方面、长时期的刻苦认真、严于律己，他的人格魅力和学识魅力使其收获了教学育人方面的成果。其具体工作表现如下：

（1）在遵纪守法、部门协作方面，他能模范遵守法律法规，忠诚于人民的教育事业，关心集体，具有团结协作精神。

在历年的集体活动中表现突出，多次荣获部门工会积极分子荣誉；常年担任课程负责人，积极组织老师集体备课、总结教学经验；毫无保留地帮助年轻老师了解课程特点，分享教学经验，多次荣获部门年度优秀教师荣誉。

(2)在实际教学方面,他极其重视教学工作,不仅教授汉语,还寻找一切机会传播中国文化。

在实际教学方面,他爱岗敬业,以身作则,为人师表,认真履行教书育人的职责,以高尚的情操引导学生全面发展,具有较强的示范性、榜样性。在二十多年的教学工作中,从未因自身原因影响教学,从未出过教学事故。对领导交付的任务丝毫不打折扣;在保证严格要求自己、言行一致、表里如一的基础上,严格要求学生的言行与学业,从不宽纵学生的不良表现,他善于晓之以理、动之以情,让违规学生明白自身的错误,心甘情愿地接受批评教育,他坚信只要立身端正,学生迟早会理解老师的严格要求。凭着对教育工作的热爱、对学生父兄一般的关心,被批评教育的学生不但不怨恨老师学校,反而因此认为首都师范大学是教学严格质量上乘的好大学,而逄岱老师也在学生、同事中树立了良好的口碑和形象。

他时刻保持一颗真诚的赤子之心,扎扎实实讲好每一节课,落实每一个词义,重视每一个学生的每一个问题,同时非常注重将中国悠久的历史、灿烂的文化点滴渗透汉语知识的教学中,学生不仅喜欢逄岱老师讲授的汉语知识,更喜欢从他那里得到的中国文字、中国古玉、中国茶文化等知识,敬佩他为师、为人的美德。

(3)在工作态度方面,他爱岗敬业,以身作则,为人师表,认真履行教书育人的职责,以高尚的情操引导学生全面发展,具有较强的示范性、榜样性。

身为对外汉语教学的老师,逄岱老师深知自己还是中国面向世界打开的窗口里的宣传员,有向世界展示华夏民族优良传统美德的义务。他重视自己的言行举止,时时刻刻高标准严格要求自己,以向世界展示中国教师的高尚人格为己任,毫不懈怠。

(4)在科研方面,他能模范遵守职业道德规范,严谨笃学、业务精湛,具有严谨自律的治学态度和学术精神。

在长期的教学实践中,他刻苦钻研,有疑必究,摸索出一套独具特色的汉语语法教学思路和方法,既掌握了大量切合实际、行之有效的教学经验,又能在经验的基础上总结升华,撰写并发表了十余篇学术论文,如:《从波尔多三大中文系透视法国汉语教学现状》,是逄岱老师在法国讲学期间,利用业余时间收集资料、调查研究的成果,其内容包括汉语在法国的发展概况、汉语教学与其他外语教学在波尔多三大中文系的对比,等等,利用丰富有力的数字材

努力、认真，向世界展示丰富优美的中国文化
——记逄岱老师

料，客观有效地展示了法国汉语教学的现状和前景；《新 HSK 与 HSK 主要区别之简介》一文写于新老 HSK 过渡时期，通过对比研究新老 HSK 的形式、内容、评分等方面，客观分析评价了二者的异同、优劣，分析讨论了未来汉语能力测试的方向和趋势；《韩国 HANBAT 大学"中文系"与尚志大学"中文学系"的课程对比研究》一文是刘彤老师与逄岱老师通过在韩国讲学的经历与调查研究合写的一篇论文，在该论文中两位老师通过精心收集的资料，客观翔实的分析研究，对比了韩国 HANBAT 大学与尚志大学各自中文系的课程设置、教学、考核等方面的异同，并结合中国国内汉语教学，提出了切实可行的建议；《从"荤"字看词义演变特征》一文中逄岱老师通过教学过程中发现的一个有趣问题，深入浅出地介绍研究了汉语词汇中客观存在的词义演变现象，并且为了让留学生这一特殊群体看得懂学得会，保持高昂的兴趣，在论文中大量举例，旁征博引、生动形象地介绍分析了汉语词汇至今存在的扩大、缩小、转移的有趣现象。

除撰写了大量汉语类论文之外，逄岱老师还撰写并发表了大量文学类论文，如：《王蒙与庄周共舞》《绝望的"大河湾"》《〈苦妓回忆录〉：让生命凋谢于爱情中》……在这些论文中，有对文学问题哲学类的思考，也有对作家的写作特点的研究分析，还有对社会问题的深度反思等。

2016 年逄老师还作为副主编组织编写并出版了《中国茶事》一书，该书由中国轻工业出版社出版，40 万字，他负责书中有关茶的历史文化等内容 20 万字的编写工作，并负责全书的审稿工作。该书内容丰富，具有较高的权威性且图文精美易读，出版后半年即重印，取得了较好的社会效益。其教学科研热情和能力取得了同事和同行们的认可。

（5）在对待学生方面，他热爱学生，关心学生成长，注重对学生思想、学习、生活的全面引领。

他关心学生成长，注重对学生思想、学习、生活的全面引领。针对外国留学生的特殊性，他能像兄长、父亲一样坐下来倾听，耐心地、深入浅出地开导学生，不但在生活上关心、帮助留学生，更在一些人生的重要问题上引导学生，帮助学生成长。因此很多学生毕业多年后，仍对逄岱老师心怀感激，与他保持联系。

他用自己的身体力行向身边的学生诠释中国人、中国教师的美德。曾有学生假日夜间突发紧急情况需要就医，逄岱老师第一时间驾车返京赶到医院，并为学生垫付住院押金,帮助学生就医,安顿好才离开医院。在逢岱老师心中,无论何时,学生、教师职责永远是第一位的。

逢岱老师善于自我完善和学习,具有国际化视角和一颗宽容的心,利用自己广博的汉语言文化专业知识、中国传统文化知识,不但能在学识上、教学上得到学生的认可,更在精神上、品格上赢得了学生的尊重。

(6)在学生反馈方面,逢岱老师长期坚持在本科教学第一线,为本科生讲授基础课,教学成果突出,其所授课程学生评估平均成绩一直高于所在院系学生评估成绩平均分。

逢岱老师深知教学工作为教师工作的根本,他热爱本职工作,特别重视实际教学,他认为学生的学习效果高于一切。在这样的理念鞭策下,在他长达23年的实际教学过程中,各门课程的学生评估平均成绩一直保持在90分以上,远远高于所在院系学生评估成绩平均分。特别是在逢岱老师所担任的各项课程学生评估的主观评估即在历年学生评语中,常有这样的温馨语句:"他是我见过的最认真的老师""他像父亲一样关心我们""是我20年人生中遇到的最好的老师""这是我见过的最努力的老师"等。

(国际文化学院)

春风化雨　润物无声
——记杜峰老师

杜峰简介

杜峰，1972年12月生，1999年毕业于武汉大学外国语学院英语语言文学专业，现任教于首都师范大学大学英语教研部。主要从事大学英语教学与研究工作，发表论文十余篇，翻译书籍，编写教材、教辅材料近五十万字。2012—2013年连续两年被评为"首都师范大学优秀主讲教师"，2013年被评为"首都师范大学师德先进个人"。

师德风采录

杜峰老师是大学英语教研部的一名普通教师。在平凡的岗位上,她扎根基础教学第一线,先后为我校本科生、研究生讲授大学英语公共课,由于多年来对教学的积极投入和不断创新,教学评估效果明显、成就突出,连续两年被评为"优秀主讲教师",进而被评为"师德先进个人",在师生口碑中均称赞有加。

1999年夏,杜峰老师毕业于武汉大学外国语学院。当时英语系研究生远不如现在这么普遍,所以摆在她面前的机会和选择很多。但她毫不犹豫地选择了教师这个职业,所有的求职信都寄往高校,因为做一名教师是她多年的愿望,不知何时与教师结下了不解之缘。从此,首都师范大学校园里多了一位朝气蓬勃,对教学充满激情,对学生热情真诚的老师。

教师以讲好每一堂课为天职。杜老师教书育人、爱岗敬业,对待学生耐心、负责、真诚、热情,学生教学成绩评估高。在教学上,杜老师一丝不苟,精益求精。为了上好课,除了认真备课,充分利用网络资源外,杜老师还经常和同事交流,学习其他老师的长处。她多年来积极主动地进行教学方法的改革,努力研究新的教育理念,探索新的教学方法,提高学生英语自主学习和综合运用的能力。尽管工作了十多年,同样的教材用了很多次,但杜老师备课从不马虎,也从不拘泥于课本。每次教新一轮学生,她都会充分利用网络资源找一些符合学生口味又联系实际的视频或文字材料,力求课堂内容丰富,材料新颖,有独特见解。

杜老师讲课认真,教学风格活泼,态度和蔼可亲,和学生互动很多,深得同学喜爱。学生普遍感觉,上杜老师的课不会感到枯燥,愿意去学习,不论她讲什么都能让学生有收获。她懂得教学规律,上课层次清晰、视野开阔,讲解到位、温和耐心。课堂气氛活跃、理解学生;讲课内容丰富,有调动性。课堂上她会给学生充分的展示机会,个人设计自身有特色的presentation。相当多的学生、甚至毕业很多年的学生事后谈起杜老师,都赞不绝口,认为她"教学态度认真,教学内容充实丰富,理论联系实际,符合教学大纲要求;能根据课程特点选择恰当的教学形式、方法和手段,实行启发式教学,讲授清晰、表达准确,重点突出,难点疑点处理恰当,课堂设计合理,节奏适度"。"杜老师思路清晰,平易近人,教学严谨,课堂知识丰富。对专业特别上心,对学生经常鼓励,传授经验,生动形象,鼓励我们自主思考并且引导我们向深度思考。上课生动,形式多样化,有知识和娱乐的交融,学生易参与到课堂中,很吸引学生。她教课非常认真,态度好,真的是用心在讲课。"这些都是对一名优秀教师

春风化雨　润物无声
——记杜峰老师

的最好评价。杜老师常说："我是因为喜欢这个职业才选择当老师的，上好每节课是老师的本分，我最大的快乐就是得到学生的认可。""我觉得很幸福，因为能做自己喜欢的工作。"

热爱学生、关心学生是教师最基本的职业要求。有爱才有德，无爱无以为师。杜老师真心热爱学生，关心学生的成长，做学生的贴心人，对待不同进度学生同样热情，帮助学生根据自身实际去发展进步。尽管承担着繁重的教学任务，经受着生活中种种压力，只要走上讲台，杜老师永远都是以最佳状态出现在学生面前，脸上总是挂着微笑，这种微笑发自内心，和学生在一起永远都是快乐的。由于有着很强的亲和力，很多学生在给杜老师的综合测评中亲切地称她为"大姐姐"。每次在给新生的第一次课上，杜峰老师都会把自己的邮箱和手机号告诉大家，无论是学习还是生活上有任何困难随时可以找老师。课间杜老师总是在教室和同学谈心交流，询问他们有什么困难，及时帮助大家解决。天冷了提醒同学们加衣服，看见有的同学上课咳嗽不止，杜老师课间去办公室给同学端来热水。为了鼓励大家努力学习，杜老师经常给学生买些文具书本之类的小奖品。

一次在校园里，杜峰老师看见迎面走来自己的一位学生，这位学生平时很活泼，也很乐观，那天不知怎么看上去情绪有些低落，杜老师上前询问后得知这名学生因为经济问题发愁。每年暑假学校有赴美实习的机会，这是她梦寐以求的，可是报名费要三万元，家里并不宽裕，想方设法只凑了两万，眼看报名快截止了，她正发愁呢，杜老师听说此事后，马上安慰她，并主动提出帮这位同学解决剩下那一万元的报名费，后来那位学生如愿以偿，她说美国之行收获很大，特别感谢杜峰老师给她的帮助，也庆幸自己碰到这么好的老师。

还有一次，杜老师了解到班级有一名学生来自偏远贫困地区，那里的人们生活非常困难，杜老师主动联系单位其他老师一起给该学生村里的人们捐献衣物一百多件，并建立长期联系，将爱心行动传递下去。这让该学生和村里的百姓感动不已，一再称"好人、好老师就在我们身边！"同事们则称赞"筑就师德大爱"，亲身为学生树立"为学为师"的道德丰碑！

为了帮助学生顺利掌握课程内容，杜老师经常在百忙中利用休息时间给学生一对一面批作文，耐心细致讲解作文中的问题，学生们觉得受益匪浅。她对工作认真负责，经常利用课余时间给学生面批非教学课程的内容但对提高学生综合素质有帮助的作业，辅导学生全面发展。难怪同学们对杜老师有这样的评语"为人和蔼亲切让人毫无压力,英语老师让我感觉沐浴春风,是那么的舒服,即使不会英语,上她的课也不会恐惧"。"杜老师治学严谨,认真负责,课程内容组织科学合理,内容丰富多彩"。"杜老师教书育人,爱国明礼,乐于助人,与学生关系融洽"。"杜老师不仅注重学生学科水平,而且关注学生个性与人格发展,深受学生爱戴"。"她不光教会我们知识,还教会我们对待学习和生活"。"杜老师认真负责,与学生关系十分融洽,能做到适当的活跃课堂气氛,通过一个学期对老师的认识,我了解到杜老师不仅是一个好老师,更像是一个好朋友。她用她的人格魅力向我们诠释了什么叫作为人师表,教书育人!""我们真正体会到了她教学中的春风化雨、润物无声!"

时至今日,很多毕业很多年的学生还和杜老师保持联系,分享他们各自在工作上的成功和喜悦,在他们心里早就把杜老师当成了朋友。学生用无数的"感"字表达了他们对杜老师的心情:感想、感动、感慨、感谢、感恩……

(大学英语教研部)

用付出点燃希望　用爱心唤醒灵魂
——记李雅儒老师

李雅儒简介

李雅儒，1957年1月生，首都师范大学马克思主义学院教授、硕士生导师、本科教学指导委员会委员、本科教学督导员，曾任北京市政治经济学、中国社会主义建设教学研究会常务副秘书长。主要从事"社会主义市场经济理论""毛泽东思想中国特色社会主义理论体系概论"等课程的教学与研究工作。工作以来，她始终坚守在教育的第一线，为人正派，作风朴实，具有强烈的事业心和责任感，始终把教书育人、管理育人、服务育人贯穿在工作中，深受同事和学生的爱戴。1997年、2001年两次入选北京市跨世纪中青年社科理论人才"百人工程"；2000年被北京市教工委评为邓小平理论"三进"工作优秀教师；2007年被首都师范大学评为"优秀主讲教师"。

一个灵魂唤醒另一个灵魂,这是教育的本质所在。在李老师身上,我们能看到一种追求——用付出点燃希望,用爱心唤醒灵魂。她始终积极关注教育一线,努力为学校教学水平的提升贡献自己的力量。

一、坚定信仰,为人师表

马克思主义是科学学说,它是以事实为依据,以规律为对象,以实践为检验标准的学说。事实、规律、实践,是任何一门科学的本质要素。邓小平同志深刻指出:"我坚信,世界上赞成马克思主义的人会多起来的,因为马克思主义是科学。"一个马克思主义者的信仰是否坚定,取决于它对马克思主义科学性的态度。越是深入地理解马克思主义的科学性,个人信仰越是坚定。

作为一名思想政治理论课教师,李老师热爱自己的本职工作,在教学与科研中,时时注意以党员的标准要求自己,坚定信仰,为人师表,尽自己的最大努力教书育人。特别是在帮助学生树立中国特色社会主义信念时,自己首先坚定这一信念,并在讲台上宣传这一理论,以自己的行动感染学生,激发他们对中国特色社会主义道路、理论、制度、文化的自信。同时,在工作中遵守教师职业道德规范,不断提高自己的专业修养,以科学的精神和严谨的治学态度进行学术研究。

二、钻研学术,成果显著

教育家蔡元培曾说:"一个民族或国家要在世界上立得住脚,而且要光荣地立住,是要以学术为基础的。"李老师立足于自身的学科背景,积极关注社会热点问题。近几年主持了两项国家自然科学基金项目,发表多篇全国核心期刊论文,获得了北京市教育工委、北京市党校党课"精品一课"等。先后主持了全国教育科学"十五"规划教育部重点课题"北京市流动儿童就学及心态状况调查";北京市教委课题"北京市流动人口教育状况调查研究"、"北京市下岗工人状况及再就业对策研究";国家自然科学基金科研项目"高校毕业生职业生涯阻碍因素维度构成研究与预测模式初探"、"低收入高校毕业生聚居群体职业生涯阻碍与主观幸福感——对'蚁族'的心理行为状况及管理对策研究"。

出版的代表著作有:《邓小平与当代中国的历史转折》(专著,中国人民大学出版社1999年5月出版)、《毛泽东思想邓小平理论与"三个代表"重要思想概论教学研究》(首都师范大学出版社)。发表的与基础教育改革相关的论文有:《义务教育亟待解决的一个突出问题》(《中国特色社会主义研究》2002年第3

期)、《北京市流动人口及其子女教育状况调查研究》(《首都师范大学学报》2003年第1、2期)、《同在蓝天下共同成长进步》(《北京教育》2004年第7、8期)、《关爱流动儿童，构建和谐社会》(《中国特色社会主义研究》2005年第3期)、《北京市流动儿童学校师生心态状况调查研究》(《新视野》2006年第3期)、《全国大学生职业生涯阻碍因素调查研究》(《中国特色社会主义研究》2007年第5期)、《高校政治理论课多媒体教学效果调查研究》(《思想教育研究》2011年第2期)、《高校思想政治理论课在推进中国马克思主义大众化中的载体作用》(《思想教育研究》2012年第5期)、《关于"蚁族"群体问题研究综述》(《中国青年研究》2012年第2期)、《高校毕业生聚居群体的生成因素与应对策略》(《南昌大学学报》2013年第5期)、《大学毕业生聚居群体调查研究》(《四川大学学报》2014年第2期)、《低收入大学毕业生的幸福感、社会支持及其关系——对"蚁族"的一项调查》(《首都师范大学学报》2014年第1期)。

三、立德树人，厚德载物

正如泰戈尔所言："教育的目的应该是向人类传递生命的气息。"生命教育首先要培养学生生命质量与生命尊严的意识并将其作为自觉的价值追求；其次才是创造美好人生的知识和技能，使他们有能力以充满自信的理性力量和充满热情的道德良心去创造自己满意的人生。带着对学生的这份感情，李老师始终用心用情、脚踏实地地对待每一位学生，不忘教育的信仰，向学生们传递生命与爱的力量。

李老师所带的硕士研究生李聪说："在我读研期间，李老师慷慨解囊借钱给我，使我得以顺利完成学业。这件事我没齿难忘！""李老师每隔一两周就要和我们一起聚餐，了解我们的学习心理状况，让我们在北京犹如在家！"硕士研究生汪琼枝说："至今也经常回味李老师为我们做的满满一桌的可口饭菜。"同时，李老师为毕业的学生奔走帮助找工作，去外地出差回来给学生带礼物，尤其是家庭困难的学生，也会尽力资助学生度过难关。

四、各美其美，美人之美

李老师非常有爱心。记得2009年，有一学生被抽中了论文外审，当时又恰逢博士生入学考试在即，全班既论文外审又要考博的就她一人，正在她不知所措的时候，接到了李老师的电话，李老师详细询问了她的论文准备情况和考试准备情况，了解情况后，李老师安慰她不要着急，先安心准备考试，考完后再全力以赴修改论文，李老师也专门调整安排，审阅她的论文，准备在她考博结束后集中精力帮她修改论文。同时，李老师还安排同门的师兄弟们一起帮忙，李老师负责整体上把握结构和内容，同门则分头负责查找错别字和调整格式等细节问题。在李老师的统筹安排下，用两周时间集中完成了论文修订、送审，并顺利通过了审查。

李老师不仅爱自己的学生，而且对其他学生也很关心爱护。班里的同学都很喜欢李老师，也很自豪有这么好的老师。李老师的爱还是一种对生命的大爱。2008年汶川地震，她专门带自己的学生到天安门参加悼念活动，默哀结束后，李老师满眼泪花，让学生深受感染。李老师正是这样时时处处，以自己的言行在告诉学生如何做人、怎么做事，而不仅仅是指导学生怎么做学术研究。

李雅儒老师时刻以优秀共产党员的标准严格要求自己，在教书育人这一平凡的岗位上默默耕耘，认真负责地坚守师德、为人师表，以一种幡然开朗的清醒，一种必挑重担的责任，一种超越平凡的坚毅，一种挑战现实的勇气，在点燃希望、唤醒灵魂的路上，勤于学习、善于创造、甘于奉献，用实际行动培养一流的学生、创造一流的业绩，为教育事业做出自己应有的贡献。

（马克思主义学院）

塑人身 树人心
——记陈文山老师

陈文山简介

陈文山，1964年1月生，现为首都师范大学体研部教师，副教授。1986年6月北京师范大学体育系毕业，同年参加工作。1990年6月，北京体育师范学院青年教师硕士研究生课程班毕业；1997年7月，北京体育大学硕士研究生学位课程班毕业。先后承担"田径""体操""武术""足球""篮球""排球""垒球""体育舞蹈""综合体能"运动项目的教学和"运动解剖与生理"的理论教学。所撰写的科研论文多次在全国及北京市体育协会科研论文报告会获奖，并数次做大会发言。

陈文山 1986 年毕业于北京师范大学体育系，毕业后进入原北京师范学院分院工作，1993 年随同单位并入首都师范大学。他在风吹日晒的运动场上耕耘了 30 年，留下不断进取前行的轨迹，这轨迹由一步一步的脚印，一分一分的学时串联而成。这些年来，他对工作孜孜不倦，扎实勤勉，不惊不躁，乐在其中。

一、教书育人——责任于肩，授之有物

陈文山任教以来，秉持"学为人师、行为世范"和"为学为师，求实求新"的校训精神，热爱体育教学，坚定理想信念，视教书育人为己任。他知道，作为学生，都愿意与道德高尚的人接近和交往，也愿意接近道德高尚的教师。学生在学校里学习，既受同学的影响也受教师的影响，学生愿意接近的教师，比学生不愿意接近的教师，对学生的影响要大。作为教师，要把学生培养成大家都愿意接近的人，就要使学生成为有道德的人，就要让学生愿意和自己接近，以便对学生施加更大的影响。因此，自己就首先要成为道德高尚的人。

体育教学班由不同院系的来自不同地区的学生组成，每个学期的第一次课上陈老师就在教学班上提出"相互尊重，彼此欣赏，共同提高"的愿望。告诉学生不要因为身材颜值、衣着口音、动作差异，而贬低讥讽同学；要多发现同学间的闪光点，多感悟同学间的真善；课堂练习中互相交流、互相帮助。从动作学习掌握过程的理论角度，引导学生正确认识学习当中教师对动作的纠正与指导，增强学习信心。他在课堂上给学生提出的愿望要求，自己先做到，如在期末考试环节，有学生出于少付出多收益或不付出也收益的思想，会向老师讲以前的老师是如何操作的，他就以自己对考核标准的理解和个人做事风格申明的做法，不对其他教师的做法评判。

陈文山老师，基本功扎实，长年坚持在教学一线，讲授过的课程有"田径""体操""足球""篮球""排球""垒球""武术""体育舞蹈""综合体能""运动解剖与生理"等，受到学生普遍欢迎，他所讲授课程学生评估成绩均高于本部门评估成绩平均分。他身体力行与学生一起体验运动，感受快乐。不仅用自己的行动，感召学生置身室外，享受阳光，享受体育，还努力做到教之有理，授之有物，教书育人。如结合教学内容给学生留下"太极拳运动对身体机能的影响""长跑中的'极点'现象及其应对""运动、饮食与控制体重的关系"等笔答作业。帮助学生理解所选运动项目对自身的好处，认识运动过程中自身的生理反应，

进而更加主动参与体育活动。

如，数科院2011级赵翠翠同学接连两个学期选上陈文山的武术课，不仅身体得到了锻炼，还有很多收获。她在作业中写道："上了两学期的武术课，我从只注重体育成绩转变成对体育感兴趣多于成绩的人；从不爱体育杂志到利用课余时间去恶补自己的体育知识；从对待事情态度不认真到现在从内心乐意去为自己所做的事付出努力与真诚。我的人生观和价值观也有所改变，虽然一时说不太清楚哪里变了，但能感到我每天都很阳光，都在追求进步，对身边事物的看法较之以前也宽容了许多……"能够通过体育教学给学生以生活的启迪，陈文山感到很欣慰。

二、崇尚学术——立足教学，求真务实

陈文山深知一杯水与一桶水的寓意，边工作边汲取知识营养。先后参加"高等学校青年教师进修班"；"以研究生毕业同等学力申请硕士学位教师进修班"学习硕士研究生学位课程；参加全国"新时期高等体育课程与教学改革理论培训班"学习；参加"高等学校青年骨干教师高级研修班"学习；参加"中美体育教师培训高级研讨班"学习，等等。不断的学习对他教学、科研的提升起到很大促进作用。

他曾主持市教委课题一项，主持完成校级教改课题三项，撰写科研论文二十余篇。这些研究大多是针对体育教学改革出现的问题，展开研究探讨，为完善学校体育课程项目设置，倡导体育健康目标，提高教学效果质量，推动体育课程不断革新等，提出科学依据和积极建议。其中，《首都师范大学体育辅修专业的调查分析》（2006年）、《综合体能课程的构建与实践研究》（2010年）、《试析高校通识体育课程的以人为本》（2012年）分别荣获全国高等师范院校第十届、第十二届、第十三届体育科学论文报告会一等奖；《普通高等院校体育选项课倾向性问题的研究—以首都师大为例》（2009年）荣获全国高等院校体育教学训练科研论文报告会一等奖。上述论文均在报告会上做主题报告。

三、专业建设——真心干事、自觉担当

陈文山曾于2003—2006年，担任体育部教学、场馆副主任，2007—2012年担任体育部教学、科研副主任。这期间，他一边坚持教学，一边认真努力工作，真抓真做，勇于担当，与人与事坦诚相待。经过多年艰辛努力，体育课程的上网排课、选课，日常教学维护，理论考试题库建设，期末成绩登录、教学

文件上网、《国家学生健康标准》测试，教改课题申报，科研经费使用等一系列教学、科研工作有序开展，进入良好运行状态，受到多方面的好评。本人也于2008年、2010年、2011年三次被评为"首都师范大学年度优秀教学管理人员"。

陈文山作为专业建设负责人近10年，根据体育课程改革发展需要和学生需求，结合我校本科人才培养方案的修订，2003年、2007年、2009年、2012年四次主持对我校体育教学大纲进行修订。修订后的教学大纲遵循《全国普通高等院校体育课程指导纲要》的基本精神，更加突出健康第一、终身体育、以人为本的思想和培养创新意识。在教学大纲中，为各年级学生选上体育课提供了最大的选择空间，基本实现体育课"三自主"。2012年，协助何永超教授编写的《大学体育》出版使用，标志着我们有了自己的较为全面的校本教材。

2004—2012年，体育部申请政府专项经费达2000万元，这些经费的投入使我校体育场馆设施、学生上课条件、体育锻炼环境发生根本性改变。政府专项资金，申报时间紧，操作环节烦琐，实施周期长。每当申请专项时节，他都要牺牲大量业余时间，收集资料，填写表格。虽然辛苦，但看到首都师范大学体育设施、体育环境的明显改善，他心中充满欣慰。

在同事们的支持帮助下，经过自身的不断努力，他在思想上、业务上有了长足进步。同时，他也深刻认识到，在大学里，学生看老师既看才，也看德；无才无德，学生厌恶你；有才无德，学生敬畏你；有德无才，学生同情你；德才兼备，学生才会真心拥戴你。"德才兼备"是一个教师的境界，他将这一境界作为自身追求的目标，并将为之不懈努力。

（体育教学研究部）

用成长与行动诠释"大学教师"的内涵
——记杨朝晖老师

杨朝晖简介

杨朝晖,1968年6月生,博士。首都基础教育发展研究院副教授,硕士生导师。北京大学质性研究中心特聘研究员,中国阳光教育研究院副院长,全国历史教学专业委员会理事,北京市历史教学专委会副理事长,北京市中小学特级与名师教师研修项目历史学科导师组长。发表论文30余篇,出版《大学教师介入中小学实践的角色调适研究》《行动在教育发生的地方》《追求优质,我们在行动》《来自一线的教育智慧》等多部学校发展著作。 主持参与"以UDS合作研究共同体促进初中教育质量提升的行动研究"课题,获得"首届国家级基础教育教学成果二等奖""第三届北京市基础教育教学成果一等奖""北京市第十四届哲社二等奖"等奖励。

"我们师生在一起度过了两年的时光,这是一种生命的相遇,我很珍惜这种相遇,也很享受与你们在一起成长的时光。感谢你们,是你们让我体会到了做教师的幸福"。这是2013年5月19日,教育硕士答辩导师做寄语时,杨朝晖老师说的话。

的确,把师生当作"一种生命与生命的相遇"来看待和对待,正是杨朝晖老师多年做教师的信念与真实写照。在这种信念的引导下,杨朝晖老师认真对待教师工作,努力在与学生的生命相遇中,体验幸福,获得成长。

杨老师出生在教师之家。1991年以北京市优秀毕业生毕业并留校任教学秘书。在教学服务的岗位上,她恪尽职守,认真负责,努力为师生服务,赢得师生广泛好评。同时,她不满足于现状,于1992年考取英语第二学历,1996年考取在职硕士研究生。这在当时学校教辅人员中也是首屈一指。2002年,她从教学秘书岗转为教师岗。身份的转换,让杨朝晖老师倍感珍惜,更加努力。2005年,她又一鼓作气考取了北大教育学博士。她如饥似渴地学习,克服来自工作、家庭、学业、社会服务等多重角色压力,最终以优异的成绩完成了学业。她撰写的博士论文《大学教师介入学校实践的角色调适研究》因其研究内容充实,研究过程扎实,得到答辩专家的一致好评,被评为北大优秀博士论文,并被收录到北京大学陈向明教授主编的《质性研究方法博士文库》中。

杨老师多年讲授本科生的"历史教师技能"课程。她努力将自己所学转化为课堂实践。在她的课堂上,没有了枯燥的讲授,取而代之的是师生互动课堂、构建"有意义课堂学习"的课堂、师生生命对话的课堂。为了帮助学生掌握关键技能,她精选教学内容,不断改进,几乎每周都给学生留有作业并批改。她还努力为学生创造到中学锻炼的机会,坚持对学生进行职业理想教育,以不辜负"教师"这一光荣称号。

理念先进,言行合一,锐意进取,使杨老师深受学生喜爱。排在周五下午的课几乎满勤,而且还吸引了其他专业的研究生来旁听。学生对她的课堂评价是"上得最累最有收获的课""最不敢逃课的课""对做教师最有帮助的课"。学生对她的教学评估一直在96分以上。

在学校督导日常教学检查中,杨老师的课还得到了钱家达教授、邹兆辰教授等学校专家的一致好评。邹兆成教授还将杨老师进行教学改革的事迹写成了报道,并编入被历史学院郝春文院长称为"别样的院史"的《首都师范大学历史学院六十年师友治学闻见录》中。

> 用成长与行动诠释"大学教师"的内涵
> ——记杨朝晖老师

成功的背后是杨老师的进取与努力。为了尽快提升自己，从 2004 年起，她利用周日组织由一线教师和学生志愿参加的"成长沙龙"活动，或"就课论道"，或诉说教学心得，没有一分钱经费，全凭的是对教学的热爱和自我成长的追求。如今，"成长沙龙"已经坚持了十余年之久，他们的事迹被《基础教育课程》登载。

2009 年，杨朝晖老师开始指导全日制教育硕士。面对这一全新的培养模式，她与学生共同探索如何在"教师教育共同体"的框架下，以质性研究方法为路径，完成实习与论文的双重任务。这是一个艰苦的旅程。至今，已有十余位学科教育硕士完成了学业。相伴其中的是杨老师辛勤的付出，从选题到标点、错别字，每个学生都要经历 5—8 次的校订与修改，甚至达到 10 次以上。一分耕耘一分收获，她的学生史晓婕、李冉龙等的毕业论文也荣获优秀毕业论文。师生共同探索"以质性研究在教育硕士培养中的运用"的经验，分别在 2011 年"质性研究方法：教学与实践"学术论坛、第四届教育行动研究会议上发表。论文《质性研究教与学的行动研究——师生共成长的故事》刊登在《质性研究：反思与评论》第三辑中，并由重庆出版社出版。

2015 年、2016 年杨朝晖老师指导的教育硕士分别在第一、第二届全国教育硕士说课大赛上获得优异成绩，并连续两年荣获全国教育专业学位研究生教育指导委员会颁发的"全日制教育硕士学科教学（历史）专业教学大赛优秀指导教师"称号。

杨朝晖老师还注重对学生的日常学习进行指导。她要求学生定期进行学业汇报。注重撰写学习心得和随笔反思。她定期组织学生聚会，对学生进行全方位的人生引领。2013 年，她将课堂搬到了西山森林公园。轻松活泼的"西山论道"，让学生们收获的不仅是知识，更是如何为人、为学、为师的切身体验。杨老师撰写的论文《聚焦教师的深层行动指令——建立与强化历史师范生教育信念的实践探索》在北京师范大学历史学院主办的"21 世纪全球历史教育的发展与挑战"国际学术会议上做专题演讲，并收录到北京师范大学出版社出版的《"21 世纪全球历史教育的发展与挑战"国际学术会议论文集》中。

杨朝晖老师不仅对自己的学生"爱生如子"，对待其他导师的学生也同样关心呵护。2011 年，当得知一位导师的学生因病去世后，杨老师跑前跑后，安抚家长，分别向他们捐资 2000 元，帮助他们重建生活信心。另一位导师的学生出现了心理抑郁，杨老师主动找到这个学生与他长谈进行心理疏导。现在这位学生已经成功走出阴影，并参加了暑期支教活动。另外学校每年在职教育硕士课程均占用暑期时间，教学任务繁重，很多教师不愿意承担。然而，杨朝晖老师欣然接受，她放弃了与家人外出度假的机会。冒酷暑以高屋建瓴、内容充实的课程，让一线在职教育硕士茅塞顿开，受益良多。学生石磊特地给杨老师发来了感谢信，并自编打油诗来表达心情："三十年来梦亦真，学路漫漫弥艰辛。如沐春风培真我，幸遇恩师指迷津。"每当毕业临近，学生们都会纷纷发来祝贺的短信，"敬爱的杨老师，今后的日子我一定为自己和重要的人好好活着！真的很感谢您！能做您的学生很幸运，很幸福！"的确，作为学生的人生幸事就是遇到良师，而杨朝晖老师正是学生人生路上的这样一位良师。

开展社会服务是首都师范大学的重要功能之一，也是首都基础教育发展研究院的主要职能。多年来，杨朝晖老师在完成本科生、研究生教学的同时，还走进基层学校，走进北京远郊区县的山山水水，为首都基础教育的均衡发展和首都师范大学的社会服务做出了卓越的贡献。

1998年，首都师范大学与北京市教委合作开展"全面提高北京市初中教育质量"的课题研究。杨朝晖老师以大局为重，毅然接受艰巨任务，半脱产深入到中学工作。在此工作期间，她全力以赴，倾情工作，获得了"北京市先进个人"称号。在其后开展的"北京市初中建设工程"中，杨老师又担负起丰台区、海淀区十余所初中校的改进任务，并在首师大团队建设中做出了突出的贡献。随后她又相继主持、参与了与顺义、密云、西城、海淀、通州等区域合作开展的学校改进项目，并取得丰硕成果，相继发表论文30余篇，出版《行动在教育发生的地方》《追求优质，我们在行动》《来自一线的教育智慧》《在日常变革中追求最好的教育》等多部学校发展著作。

杨朝晖老师主持参与的"以UDS合作研究共同体促进初中教育质量提升的行动研究"课题，2009年荣获"第三届北京市基础教育教学成果一等奖"；2010年荣获"教育部三等奖"；2014年荣获"国家首届基础教育成果二等奖"；2016年再次荣获"北京市第十四届哲学社会科学二等奖"。

辛勤耕耘换来的是个人自身全面的成长。目前杨朝晖老师已成为一名颇具社会影响力的专家。她目前为北京大学教师教育研究中心和质性研究中心研究员、中国阳光教育研究院副院长，全国阳光教育联盟支持专家，全国历史教学专业委员会理事，北京市历史教学专业委员会副理事长，北京市中小学特级教师研修和名师工程历史学科导师组长。

| 用成长与行动诠释"大学教师"的内涵
——记杨朝晖老师

总之,多年来,杨朝晖老师以对教育事业的执着与热爱,努力践行大学教育使命,在生命的每一次相遇中,自觉地将教学、科研和服务三大职能融为一体,努力实现着自身的成长与突破,用切身的行动诠释了一名大学教师的真正内涵。

(机关党委)

采众长成学 纳百川入海
——记宁锁燕老师

宁锁燕简介

　　宁锁燕，1964年4月生，1985年毕业于牡丹江师范学院数学系，2001年进入首都师范大学附中任教。

　　在教学方面，胜任初高中数学循环教学，陶醉于在数学课堂渗透人文情怀与实际应用。被聘为首都师范大学全日制教育硕士（学科教学数学）特聘指导教师。

　　在教育方面，担任四届年级主任，25年班主任，所带班级有美术特长班、文科班、理科实验班，等等。2013年被评为首都师范大学"师德先进个人"、"首都师大附中感动校园十佳教师"、2015年海淀区优秀"四有"教师、"首都师大附中优秀年级组长"，2016年获"成达杯优秀教师"，"北京市紫金杯优秀班主任"二等奖。

采众长成学　纳百川入海
——记宁锁燕老师

从1985年走上工作岗位，宁锁燕老师在教育教学这片净土上已经默默耕耘了32年，32年中她担任了25年的班主任，9年的年级主任。已届52岁的她，连续10年的实验班、创新班班主任不卸任，更加难能可贵的是在她担任2016届高三年级主任期间，年级中有一位班主任病倒了，宁老师二话不说，又主动担起了班主任的重担。她无怨无悔带领着班级和高三年级的全体师生努力拼搏，为首师大附中在2016届高考中取得优异的成绩投入了全部心血与精力。

宁老师所带班级都是非常出色的集体，多次获得学校及北京市优秀班集体。她本人获"首都师大附中感动校园十佳教师"，获"2013首都师范大学师德先进个人"，"首都师大附中优秀年级组长"，2015年海淀区优秀"四有"教师，获2016首都师大附中教育集团"成达杯优秀教师"称号，2016年北京市紫金杯优秀班主任二等奖。无论面对什么样的荣誉，她始终秉持着高调做事低调做人的为师之道，平平实实，扎实而稳健做着日复一日的教育教学工作，她对工作的热爱始终都是那么纯粹。

一、"丰富"的阅历

2001年第八次变更居住地，第五次更换工作单位的宁老师来到首都师范大学附中。当同事们问起她的家乡在哪里？宁老师总是不知如何回答这个问题。她经常说白山黑水的孩子讲义气、重感情，胶东的孩子知书达理、勤奋上进，北京的孩子见多识广、贴心豁达。走南闯北带来的丰富的工作经历和人生阅历是宁老师从教难能可贵的独有的财富，因为这样的经历更加让她体会到做人的工作的复杂性。一方水土养育一方人，每当来到一个新的地方，一所新的学校，她都会用积极的心态去了解和理解不同地域的文化及学生特点，积极调整自己的教育理念、教学习惯，同时又会将以往的好的工作经验方法借鉴到新的岗位。

不同的时代造就不同的新人，一批批，一届届，60、70、80、90乃至我们马上迎来的00后的高中生们，在他们的记忆中都会留有一段属于他们的独有的文化符号。从琼瑶的言情到金庸的武侠，从泰戈尔的诗集到川端康成的新感觉，从魔兽到DOTA，从丹·布朗的《数字城堡》到南派三叔的《盗墓笔记》，从刘慈欣的《三体》到郝景芳的《北京折叠》，……孩子们感兴趣的新事物对宁老师总有很强的吸引力，她与十六七岁的学生在一起会有很多共同的话题。她也很珍惜学校为老师搭建的各种学习的机会，到国内外优秀学校参观学习，拓宽自己的视野。她总说作为教师要努力让自己紧跟时代与年轻人的步伐。丰富的经历、不断地学习与思考、尊重每一个孩子的独立人格教会了她如何与学生沟通，如何在原则性问题上宽严有度，如何取得家长对自己工作的理解、支持与配合，如何驾驭班级突发事件，如何将学生中潜在的危机消灭在萌芽中。抱定了要走进每一个学生心灵的主旨，教育渠道自然会越来越宽广。

二、"未来的视野与高度"

1983年邓小平同志提出教育要"面向现代化，面向世界，面向未来"。烫金的十三个字雕塑在首师大附中教学楼大门厅正对的墙壁上。作为一名数学教师，创新实验班的班主任，宁老师从未抱怨其中的辛苦与压力，她在年级学生大会和家长会上讲："老师们今天幸得在座天下英才而教，荣耀地践行小平老人家的崇高理想与愿望，无怨无悔……"一次次掷地有声的总结、动员，传递给学生和家长的是满满的信心和正能量，而对每一个孩子"未来视野与高度"的引领则是她班主任的必做功课。

考入北京大学信息科学技术学院2010级的于晨，2007年进入附中时的排名在一百三四十名，从再平凡不过的一个小女孩成长为我校一名优秀的高中毕业生，再从北大强手如林的佼佼者中脱颖而出大三后便进入加州大学洛杉矶分校进行课题研究，现就职于facebook数据中心。她在给学弟学妹们介绍经验时说附中的三年成长过程她走得扎实稳健。不但为未来的发展奠定坚实的知识基础，养成了良好的习惯。更可贵的是在老师的帮助下一步步完成了对未来的全方位的设计和规划，她的人生理想——人工智能专家。她只是宁老师的优秀学生代表之一，兼具创新人才的基本素养，有理想，有志向，高调做事，低调做人，这些品质成就了她化茧成蝶的蜕变。

三、独立人格的培养

教会学生："做人、做事、做学问。"我们从教者经常会为做这三者的先后论长论短，宁老师却首先要求学生要有独立的人格，陈寅恪先生谓之"独立之思想，自由之精神"。如何让高中阶段的学子领悟其精髓。

给他一段时间，让他自己去安排；

给他一个问题，让他自己去寻找答案；

给他一个困难，让他自己去解决；

给他一个悬念，让他自己去讨论；

给他一个题目，让他自己去创造；
给他一个条件，让他自己去锻炼；
给他一个对手，让他自己去竞争；
给他一个权利，让他自己去选择；
给他一个机遇，让他自己去抓住；
给他一个空间，让他自己去发展。

浙江教委2010年提倡的这"十个给他"很好地诠释了在培养优秀学生方面老师的角色与任务，班会上宁老师大力宣讲这些主张，并在培养学生的过程中付诸实践。

进入高一创新实验班的学生最困惑的事是处理学科竞赛与学业学习的矛盾。宁老师安排学生做问卷调查；在班会课上各抒己见，畅所欲言；充分让学生们自我认识，相互认同，自我完善，相互教育，相互探讨做出决定后的行动纲要。对学生的反馈宁老师只就学生们对待问卷认真作答的态度给予肯定，至于他们的观点她不论短长，完全不置可否，针对参加竞赛做经验性发言："对学科竞赛的清醒认识"仅供学生参考。学生自己有能力做的事，她决不替代。学生们辨明了竞赛与学习主业的关系，促成了学习效率达到最大化。

所谓的无心插柳柳成荫，宁老师的班主任工作总是有所为有所不为，她所带班级的每一个学生都承担着班级的不同的工作，她给学生留足了自我成长的时间与空间。

四、"无创意，不六班"

作为理科实验班班主任，高中三年该对他们实施什么样的教育？学生的成长是否会如他们的父母渴望的一样？是否会如老师期望的一样兼具所有支撑社会精英们的优秀素质？解决好诸多问题，首先要有明晰的实验班班主任工作理念，并不断地努力实践。为此宁老师经常将自己的思考写在班级日志中，让每一个学生都明确她对他们希冀。

先于学生的思考，有预见性的、主动出击式的教育对学生无形当中是一种积极的影响与引导，一种严格的规范与约束。基于她的这些思考，学生们集思广益，她所带的2010届(6)班有了让班级凝心聚气、大气磅礴的班训："采众长成学，纳百川入海"，2013届(2)班有了"做善良、丰富、高贵、理性的二班人"的班训。老师的殷殷希望，朝夕陪伴成就了班级积极向上的学风，取得优异成绩则是水到渠成的。

2013届高一创新实验班(6)班是宁老师带的第10个班集体,以她30多年的工作经验应该是驾轻就熟的,而事实是所有的班集体都不可以复制。(6)班是独特的,(6)班有独特的假期作业:我的人生规划、首师附校徽创意设计、我的家族史、我的成长记录、介绍父母的工作、假期游记、我的创意作业……作业名称听着不够高大上,其实不然,因为这些作品每每都要以上万字计或以实物呈现,在班级展示交流,完成这些大部头作品的经历会让他们不同于其他孩子。(6)班的班会与活动设计秉持一条原则:"无创意,不六班",所以就有了运动会上他们齐卧操场摆出手拉手人形设计的出场式,花样跳绳更是惊艳全场,孩子们律动的青春节奏让年届半百的宁老师不能自己,她兴奋地说:"这是我的班主任收官之作,2016年送走他们我将进入退休模式,我很满意!"

成长中的学生的喜怒哀乐,常常令老师们或欣喜,或头疼,而随着时代的变化,他们又总能给老师们新鲜与惊喜。在与一颗颗年轻的心的相互碰撞中,年届半百的宁老师,虽然容颜已老,却依然有和学生们一样的一颗年轻的18岁的心。

(首师大附属中学)